# ジム・ロジャーズ大予測

## 激変する世界の見方

ジム・ロジャーズ 著
花輪陽子／アレックス・南レッドヘッド 監修・翻訳

東洋経済新報社

## まえがき

　コロナショックが世界を混乱に陥れている。戦後最悪の不況が襲来するのではという不安が、経済やマーケットを覆っている。

　世界の株式市場は連日乱高下をくり返し、ニューヨーク株式市場では3月16日に、一日で2997ドル下落という記録的暴落に見舞われた。実体経済の落ち込みも深刻で、米セントルイス地区連銀ブラード総裁は、アメリカの4～6月期のGDPはマイナス50％、失業率は30％に達する可能性もあると発言している。

　この先、世界の経済、金融、マーケット、そして社会はどうなるのか。また、長期的な国際政治や地政学的動向にどう影響するのか。

　今回、世界的投資家として知られ、主にお金の流れを読むことで数多くの予測を的中させてきたジム・ロジャーズ氏に緊急インタビューを行った。

　インタビューの中でロジャーズ氏は、コロナ危機については、過剰に反応しすぎているとしながらも、人々は「恐怖」に支配されてしまっており、世界経済はパニック的な大混乱に陥るだろうと述べている。

ジム・ロジャーズ氏へのインタビューは、シンガポールにあるロジャーズ氏の自宅で、1月下旬と3月中旬に二度、計10時間以上にわたって行われた。インタビュアーは監修者がつとめた。本書はその話を監修者と編集部が翻訳し文章化したものである。なお、ロジャーズ氏の話の趣旨に沿うかたちで、適宜データについては編集部が補足した。

本書が読者のみなさまの世界経済や国際政治に対する理解を深める一助となればと願っている。

2020年4月5日

編集部

# ジム・ロジャーズ　大予測　目次

## 第3章 20年後、「日本終了」が現実味を帯びてきた

## 第4章　世界の常識で考える、人生設計&投資戦略

第１章

# コロナショックは
# 戦後最大の危機の始まりか

# 次の金融危機が私の人生で最も大きなものになる

**――コロナショックで世界のマーケットが混乱しています。**

**ジム・ロジャーズ（以下、ロジャーズ）**　世界が不況に突入することは、もはや避けられない。最大の理由は世界中の国が経済を停止させ、国境を閉じてしまったからだ。人の往来がなくなり、航空会社、ホテル、映画館などは破綻間近で、数多くの工場、学校や政府機関も閉鎖されている。

そして、この不況が回復する前に、事態はさらに悪化する。アメリカ金融大手のゴールドマン・サックスは、２０２０年4～6月期のアメリカのＧＤＰ成長率の見通しをマイナス24％と予測している。仮に、四半期でマイナス24％という数字が現実となれば、過去最大のマイナス成長だ。

また、米セントルイス地区連銀のブラード総裁は、GDPが4～6月期にはマイナス50％、失業率は30％に達する可能性があると発言している。もう「不況になる」「ならない」の問題ではない。

おそらく、いや確実に、次に来る金融危機は私の人生で一番ひどいものになるだろう。アメリカ株式市場において、過去の歴史上、これほどのペースで株が急落したことはない。1カ月で25％の下落だ。3月16日には、一日で2997ドルの下落を記録している。1929年や19世紀の金融危機でもこれほど大きな下落は見たことがない。

株価が乱高下するのは、マーケットの参加者が疑心暗鬼になっている証拠だ。ちょっとした材料でも過敏に反応する。それも一方の方向に。世界でもっとも成熟したアメリカの株式市場が、過去数週間の間で一日に1000ドル以上の上げ下げを幾度も演じている。まるで立ち上がったばかりの新興国の株価のようだ。

おそらく、株価の値下がりは今後も続く。50、60、70％、いやそれ以上だろう。実体経済の落ち込みは、いずれ金融機関の破綻をもたらし金融システム不安を引き起こす。いつとは断言できないが、それは必ず起こる。次の金融危機が私の人生で最も大きなものになるだろう。

**――その理由を教えてください。**

**ロジャーズ**　なぜなら２００８年以降、世界中の債務がどんどん増えているからだ。２００８年の危機の際には中国が持っているキャッシュを使って、50兆円規模の公共投資で危機を脱した。しかし、いまは中国でさえ債務が増え続けている。さらにアメリカの債務も悪化している。ＦＲＢのバランスシートは、ここ12年で５００％も拡大している。こんなことは過去にはなかったことだ。

日本でも、日銀が大量にお金を刷り、ＥＴＦや国債を買って債務を増やしている。中央銀行は、どんな手段を用いてでも金融危機は避けたいと思っている。

しかし、中央銀行も無限に債務を増やし続けることはできない。いつの日か終わりが来る。ある日突然、相場参加者のモメントが変わるときが必ずやって来る。その局面では、もはや誰も世界経済を救うことはできない。次の危機はそうした最悪の危機になると見ている。

**――マーケットの下落のペースは予想外のものでしょうか。**

**ロジャーズ**　もちろん。これほど早く、そしてこれほど大きく相場が下げたことは、はじめての経験だ。ただ、今回の下落はコロナウイルスだけが要因ではない。

これまでアメリカの株価はまったく下がらず、10年以上、連続で上昇し続けてきた。実は、これも未だかつて起きたことがない現象だ。特に、下落直前の2～3ヵ月に至っては一直線に上昇していた。株は限度を超えて高値を付けていたのだ。

そのタイミングでFRBは金利を引き下げた。また、企業債務も膨れ上がるばかりだったので、相場が下落する理由はたくさんあった。

メディアは必ず相場下落の理由をつくりたがる。マーケット参加者にとっても、今回のウイルスは、非常に使い勝手がいい理由となった。さらには、政治家もウイルスを言い訳にすれば、非難を逃れることができる。このような事態を引き起こしたのは、自分たちのせいではなく、ウイルスのせいだと。

# 「恐怖」に支配された相場、経済に打つ手なし

**ロジャーズ**　報道によれば、アメリカの失業保険申請数は3月中旬で300万件にまで急増している（編集部注・その後3月下旬には660万件に増加している）。苦境に陥った多くの企業が、数千人規模で従業員に解雇や自宅待機の指示を出しているからだ。

リーマンショック時は、まず金融危機が起こり、その後、金融から製造（2次産業、生産）、そしてサービス（3次産業、消費）という流れで経済が悪化した。最初に金融危機が発生したことでお金がまわらなくなり製造業が危機に陥った。生産が落ち込んだことで消費が悪化、サービス業も打撃を受けた。今回の経済危機は、それとは逆の流れで危機が広がっていくだろう。まず消費やサービスが落ち込み、企業業績が悪化、それが金融不安につながっていく。

**――今回のコロナ危機はパンデミックということで、中世末期の欧州のペストと比較する向きもありますが…。**

**ロジャーズ**　死亡者数を見れば、ペストとは比較の対象にならない。ペストは当時の欧州の人口の3分の1、国によっては8割以上の人が亡くなっている。しかし、今回のコロナでは、現時点で、世界全体での死者数は3万人に止まっている（編集部注・3月中旬時点。その後、4月5日の時点で死者数は5万人を超えた）。

もちろんメディアは、ペスト再来だと、そう思ってほしいだろう。なぜならセンセーショナルに書けば新聞も売れるし、ネットのアクセス回数も増えるからだ。

毎年アメリカでは4万人がインフルエンザで亡くなっている。全世界ではインフルエンザでは毎年、数万、数十万人の死者が出ている。数字の上では、メディアが報道している恐怖とはほど遠いものと言える。

しかし、世界の人々は、すでに「恐怖」に支配されてしまっている。メディアやインターネットが反応しすぎているため、政治家も相応な対応をとる必要があり、積極的な措置をとらざるをえなくなっている。かつて、新聞を売るためにメディアは戦争や危機を煽ってきた。今回のコロナは現代版の「新聞を売る口実」と見ることもできる。

たとえ死者数の数字に関して、政府が嘘をついているとしても、2億人の死者を出したペストとは大違いだ。中国では3000人ほどの死者が出たと報道しているが、これは信頼できる数字ではないだろう。政府の言うことは信頼してはいけない。ただ、実際に亡くなった人の数が政府が発表した数字の10倍だとしても3万人。2億人とは比較にならない数だ。

今回の騒動は、マーケットにとっては、人工的につくられた不必要なパニックなのだ。しかし、現実にパニックは起きているので、もうパニックや株の急落を止めることはできない。したがって、意図的につくられたか否かは別として、投資家は売り続けている、それが現実ということになる。売りを望んでいた投資家やメディアは成功したのだ。

**――ペストの流行が中世を終わらせ資本主義の契機になったと言われますが、今回の危機がなんらかの「社会革命」を引き起こすでしょうか。**

**ロジャーズ**　社会革命とまではいかないが、数年、数十年かけて起こるべき変化を早く始めさせる作用はあるだろう。通常であれば、在宅勤務しない人の在宅数が急激に増えた。あるいは、ネット通販やウーバーイーツが爆発的に拡大しているなどの変化が起こっている。

おそらく、数年後に2020年という年を思い返すと「コロナ騒ぎがあったため、急激に変化が生じた」と言われるようになるだろう。すべての危機は新たなる変化を生む。だから日本語で「危機」という漢字が示す通り、「危険」が生じた後には「機会」が生まれる。

# 航空会社、シェール関連企業の破綻は避けられない

**――株価下落の一方で、原油価格も大きく下落しています。**

**ロジャーズ**　原油はいま底値をつけようとしている段階だ。やはり将来から現在を振り返ったときに、「２０１５年から２０２１年の間が複雑な底値だった」と認識するようになるだろう。

そして、そこから原油価格はまた上昇する。過去に底値をつけた資産は、複雑な値動きをくり返し、数年ほど安値近辺で横ばいに推移する。いまがそのときだ。私は原油をショートしていたが、まだ買い戻していない。

**――原油価格の急落で、シェールや原油絡みのハイ・イールド債（低格付債）の利率が急上昇しています。これらの動きをどう見ますか。**

**ロジャーズ**　明らかに危険なサインだ。シェール関連産業の危機が発端になり、他の信用度の低い企業やＥＴＦにも波及する懸念はある。

ここ数年、シェールをはじめとしたエネルギー産業はこの世の春を謳歌してきた。シェール関連のビジネスをしていたら誰もがお金を貸してくれた。そして、気が付けば、とんでもないバブルになっていた。昔はフラッキングのフの字を言うだけで誰もが出資したがったが、現在はそれほど収益がないと分かり、フラッキング・バブルは破裂してしまった。

20年ほど前にインターネット・バブルが破裂したが、その後もインターネットがまだ存在したように、シェール関連産業が消えることはない。しかし、フラッキングによる資金調達が困難ないくつかの関連企業は破綻し、そのダメージは他の産業におけるハイ・イールド債やリスキーな債券にも飛び火する。

近年のアメリカでは、低金利政策の下、投資家はリターンを上げるために、より長期で、より格付の低い社債に手を伸ばさざるをえなかった。その中でクレジット・リスクに目を瞑る投資家も多かった。経済、マーケットが上昇基調の際には問題にならないが、すべてが逆に回転し始めたいま、リスキーな資産は巨額の損失をもたらすことになる。格付の低い企業は債務超過であるため一気に資金調達が困難になる。当然、事業の継続も不可能になる。

**――経営危機に陥る企業は増えそうですね。**

**ロジャーズ**　間違いなくそうなるだろう。こういった状況で一番弱い企業は債務の多い企業だ。逆にキャッシュに余裕のある会社は、生き延びることができる。テクノロジー産業など、比較的新しい産業は債務が少ない。

現在、苦境に陥っているのが航空会社だ。各国で移動制限の措置がとられ、運航を大幅に縮小する航空会社が相次いだためだ。

国際航空運送協会（ＩＡＴＡ）は、コロナウイルスの拡大で旅客需要が減少し、２０２０年の世界の航空会社の収入が、前年比２５２０億ドル（約28兆円）減少すると発表した。

前年に比べて4割以上の減収だ。アメリカや中国でも航空会社の危機が伝えられているし、日本のJALやANAも何らかの救済が必要になるかもしれない。

航空会社は、整備費用などの必要経費も高いので、危機に対応するための手元資金に余裕のある会社はそう多くはない。加えて、メガキャリアと言われる大手ほど国際線で収益を上げているので、今回の渡航制限は大きな痛手となっている。国内移動も制限されるような事態になれば、メガキャリア以外の航空会社にも危機が及ぶことになる。

観光や外食、レジャー、娯楽産業などでも、移動制限のため甚大な痛手を受けており、破綻する企業、吸収・合併される企業が多くなるのは避けられない。

# 恐慌前夜の世界経済、日本でも大型倒産が続出する

**――日本企業も例外ではないですね。**

**ロジャーズ**　もちろん、例外ではない。日本では、当初、中国との関係が深い企業が受けるダメージが大きいと思われていた。

ユニクロや無印良品など、小売りや飲食店などで中国に進出している企業は、現地店舗が休業を余儀なくされた。また、観光やインバウンドで好調だった企業も大きな痛手を受けている。訪日客の減少は、ホテルチェーンや百貨店、ドラッグストア、化粧品業界などにも影響している。しかし、いまや混乱は中国にとどまらず全世界に拡大している。痛手を被る企業の範囲は広がっている。

また、日本国内で政府による自粛要請が出されたことで、東京ディズニーランドに代表される娯楽、レジャー産業が休園や休業を余儀なくされた。映画、コンサートなどのエンターテインメント分野も苦境に陥っている。これはシンガポールでも同様だ。自粛がいつまで続くのか、先が見えない状況では、やはり債務の少ない企業ほど生き残る可能性は大きいが、それにも限度がある。

さらに、ここへ来て、一連の危機はサービス業から製造業にも広がっている。その象徴が自動車産業だ。中国から始まった危機は、アメリカやヨーロッパ全域、東南アジア、アフリカなど全世界に拡大。各地で経済活動を停止させ、日本を代表する産業である自動車産業にも深刻な影響を及ぼし始めている。

3月中旬以降、ドイツのフォルクスワーゲン、アメリカのGM、フォード、クライスラーといった世界を代表する自動車メーカーが生産停止に追い込まれている。当然、現地の日系自動車メーカーも相次いで操業休止に追い込まれる事態になっているが、日本の自動車産業にとって、アメリカ市場の混乱はダメージが大きい。

なぜなら、アメリカ市場は、販売台数はもちろん、高価格のSUV（スポーツ用多目的車）やピックアップトラックなどが売れる市場で、1台当たりの利益が大きいからだ。

**――いまや世界最大の市場である中国の見通しはいかがでしょうか。**

**ロジャーズ**　中国は政府の発表が正しいものだとすれば、感染のピークは過ぎ、工場の操業を再開したというニュースも流れている。しかし、その情報を半分程度に受け止めても、まだ元の状態に戻るには程遠く、自動車など売れる状態ではないだろう。

ただ、いくら中国が世界最大の市場といっても、日本の自動車メーカーにとって重要なのはアメリカ市場の動向だ。ここが立ち直らないと、日本メーカーに与える影響も深刻なものになる。自動車は裾野が広く、就業者数の面からも日本経済を支える産業だ。自動車メーカーの業績が落ち込めば、その下請けや周辺産業を含めた国内の雇用にも大きな悪影響が及んでしまう。

# 世界の中央銀行はいつまで過ちを続けるのか

**——実体経済の落ち込みは深刻です。世界恐慌は避けられないのでしょうか。**

**ロジャーズ**　可能性はきわめて高いが、すぐに起こるかはわからない。世界の中央銀行は、なりふり構わずいろいろな対策を打っている。それが次のバブルを生む可能性がゼロとは言えない。

事実、リーマンショックの際には、「100年に一度の経済危機」と言われながら、その後、わずか数年で、それを上回る規模の新たな金融バブルがつくられることになった。リーマンショックの際、世界の金融資産は世界のGDPの約3倍の規模だったが、今回の株価急落の直前は、それが約4倍の規模にまで膨れ上がっていた。

中央銀行は、今回もまた、リーマンショック時と同じことをくり返そうとしている。FRBは3月15日、政策金利を一気に実質0％に引き下げた。2008年のリーマンショック後のゼロ金利から、慎重に10年もの年月をかけて年2・25～2・50％まで引き上げたが、たった10日でもとに戻ってしまった。

その翌々日には、企業が短期資金を調達するために発行するコマーシャルペーパー（CP）の買い取りを発表。また本来は「銀行の銀行」であるはずの中央銀行が、証券会社への融資制度という、リーマンショックの際に行った緊急対策を復活させた。その後、無制限の量的緩和や社債買い取り制度も導入し、金融機関以外の企業への直接支援を行う強い意志を示している。

このような一連の誤った政策が功奏して、大きなラリー（再上昇相場）が起こるかもしれない。FRBだけでなく、世界各国の中央銀行がそろって金融緩和に踏み込んでいることも、それを後押しすることになる。世界の中央銀行は、足並みを揃え、これまで世界史上最も大量のお金を刷ってきたにもかかわらず、今回の騒動でさらなる量的緩和を発表してさらに大量のお金をバラまこうとしている。

日銀は以前より国債やETFを購入してきた。このままいけば、日銀が日本株の最大の株主になるという。こんなことが中央銀行の役割だろうか。中央銀行は狂気に拍車がかかっていると言わざるをえない。

私が知っているかつての日本人は豊かになるためにみな懸命に働いた。技術を高めるために研究に没頭し、開発者たちは夜遅くまで手を汚し汗にまみれて仕事した。営業やバックヤードで働く人も同じだ。お金を刷って豊かになろうなどとは誰も思ってはいなかったはずだ。

中央銀行と同様に各国の政府も狂気に拍車がかかっていて、景気刺激策という名の巨額支出をくり返している。アメリカが2兆ドル（約220兆円）、ドイツが7500億ユーロ（約90兆円）、そして日本も大型規模の政府支出を用意している。いずれの国も大盤振る舞いだ。

財政支出は、政治家にとっては最高のアピールになる。「困っている人のために」と言えば多くの人が反対しない。「すべては最善だ」となる。たしかに、かつて財政支出はそれなりに効果を発揮していた。一時的な需要の落ち込みを政府支出で引き上げることで景気回復させ、回復後は税収増となって財政も均衡を維持することができた。ところが、グローバル時代になってからは、景気回復の効果も思うほどには上がらなくなっている。

政治家は本来、長期的な視野に立って、ものごとを考えるべきだろう。しかし、ほとんどの政治家は目先の票のことしか考えていない。日本もアメリカも欧州もみな同じだ。政府債務が膨らんでいっても政治家にとっては短期的に良ければすべて良しである。長期的には誤りとわかっていても、自分が辞めたあとはどうなっても関係ない。無責任極まりないと思う。

仮に、ラリーが起こったとしても、それはきわめて人工的につくられたもので、最終的には事態を悪化させるだけのひどい政策だ。根本的な解決を後回しにして、債務は増える一方。実体のない投資マネーがどんどん膨張し、最悪な結末になることは目に見えている。政治家はメディアに悪く言われたくない、来週の演説や次の選挙にしか興味がない。これが最大の問題なのだ。

## 空前の危機にあって、個人投資家はどう行動すべきか

**――あなたが懸念している人工的なラリーが到来した場合、どうすればいいのでしょうか。ここがチャンスと考えている投資家もいると思います。**

**ロジャーズ**　簡単に言えば、一番やられたものを買うべきだ。現時点では、航空会社が一番だろう。レストランやホテル、観光関連、海運も含めた運航関連会社は壊滅的なダメージを被っている。再上昇相場に入った際には、そういった産業に一番大きなラリーが訪れる。他には農業銘柄も買えるだろう。

株以外に急落した資産では、銀価格が数年振りの安値を更新している。今回のような株の急落が起こると、投資家はパニックを起こして何もかも手放そうとする。2008年の

危機を見ると金価格が急落している。最安値は更新せずにその後は急騰したが、パニックになるとあらゆる資産が一時的に売られることになる。しかし、いくつかの銘柄、商品がそこから急激に反発する。

コロナウイルスによる影響が少ない銘柄で、利益が落ちない企業を見つけることができれば次のブル相場で一番伸びが期待できるだろう。しかし、一番の問題は、次のブル相場がいつ来るかは予想できないことだ。それは今年かもしれない、あるいは君のまだ生まれていない子供が大人になった40年先になるかもしれない。

**――この危機が起きている間、何かに投資しましたか。**

**ロジャーズ**　海運会社の株を少し買い始めた。そして大きく下落した金・銀をもうすぐ買う予定だ。そして売った株を一部買い戻し、近いうちには航空会社の株も買いたいと考えている。

しかし、ほとんどの時間はただ座って相場を見ているだろう。私は米ドルを大量に持っているが、それを売る必要性はまったくないと思っている。

**――日本の円については、どう見ていますか。**

**ロジャーズ**　ファンダメンタルズが悪化し続けているにもかかわらず、円のパフォーマンスは私の予想を上回っている。私は、マーケット参加者はみな私の知っていることは知っていると想定しているが、日本円ではそうでないということを何度も思い知らされている。

私は日本がとても深刻な状況に置かれているということを知っているが、相場参加者たちはこれを知らない、あるいは気にかけていないと思わざるをえない。円の底堅さにはいつもビックリさせられる。同様に、スイスフランの底堅さにもビックリさせられる。

私は、円は20年前には安全通貨という認識でいたが、相場参加者の多くは現在でもそう思っているのだろう。スイスフランも過去50~80年も前の安全資産という考えが続いている。しかし、私は米ドルを増やしている。その理由は、本当に安全な通貨を求める時に一番安全な通貨が米ドルだと思っているからだ。

**――航空会社を注視しているとのことですが、「買い」のサインはあるのでしょうか。**

**ロジャーズ**　反発の勢いを確認してからでは利益の多くを逃してしまう。買いシグナルの警報などが鳴るわけではないが、買いタイミングが存在するとすれば、それはおそらく国際的な航空会社が破綻した時になる。二社が破綻すればよりタイミングがハッキリする。なぜなら破綻が二つ続けば、それ以外の航空会社の株はパニック売りによりさらに暴落するからだ。そこが買い場と見ている。

**――すでに投資をしていて、アマゾンやアップル株などの大型株を持っている人へのアドバイスはありますか。**

**ロジャーズ**　言葉が見つからないね。君たちは運がいいよ、とでも言おうか。なんてラッキーなんだ、と。なぜなら、これからそういった大型株はさらに下がる。ベア相場が本当に到来する時にはアマゾンやアップル株は50%から80%は下がると見ている。けっして悪口を言っているわけではなく、これが相場の仕組みなのだ。

だから、いますぐに売れとは言わない。ベア相場に入る前に巨大なラリーがあるかもしれない。それがラストチャンスだ。

ベア相場では大手企業の株価は一番下がるものだ。なぜかと言うと、すべての投資家がこういった銘柄を保有しており、それを売らなければならなくなるからだ。すべての投資家が買っているから大型株は割高になる。

同じ理由でETFも同様に暴落すると予想する。ほぼすべてのETFはアップル株を保有している。ETFや大型株は壊滅的なダメージを被るだろう。ETFを買って分散できたと思っている投資家は、実はまったく分散できておらず、他の投資家とまったく同じものを保有していたことに気付くだろう。

最近では、債券ではETFが実際の債券価格より5～10％下で取引された事例があるが、債券はまだベア相場にも突入していない。しかし、債券価格はこれからあまり上がりそうもないので、高値近辺に達していると見るべきだ。

**――2008年に暴落してから金融銘柄は高値まで再上昇しましたが、金融セクターの見通しはいかがでしょうか。**

**ロジャーズ**　2008年の危機のときは、アメリカでは不動産にもっとも大きなバブルが生じていた。そのバブルがはじけると、サブプライム・ローンを抱えていた銀行銘柄がもっとも下落した。今回のバブルはテクノロジー関連株や政府債、そして債券全般に生じている。アメリカにおいて、いくつかの州は債務超過で破綻寸前の状態だ。

金融セクターはローン貸し出しを増大させており、危険なテクノロジー会社に巨額の資金を貸し出しているかもしれない。したがって、もちろん今回の相場でも下落は避けられない。2008年ほど売られないかもしれないが、とはいえ、ベア相場が来たら金融銘柄も暴落する。2008年の90%まではいかないにせよ、80%下落の水準まで売られるかもしれない。

**——マーケットがベア相場に突入するのは避けられないのですね。**

**ロジャーズ**　避けられないだろう。しかし、くり返し言っているが、その前に株が大きくラリーする可能性もゼロではない。政府と中央銀行があらゆる対策を打ち出してきているからだ。

ただ、いつの日か、中央銀行はこれまで以上に資産購入額を増やし続けるものの、投資家が中央銀行に幻滅して、中央銀行がくりだす一連の政策を信用しない日がやって来る。その時が来ると、投資家は何があっても資産を売り続け、究極の、人生最大のベア相場がやって来る。

もうすでにそこに到達している可能性もゼロではないが、確率は低い。なぜなら、この相場はまだ新しく、特にアメリカの中央銀行FRBは、さらなる緩和ツールを持っているからだ。そして日銀のETFの購入で日本の株価も下落の勢いにブレーキがかかっている。したがって、ベア相場前にまた再上昇するかもしれない。ただし、私の相場の見立てはよく外れるということを言っておきたい。

くり返しになるが、現在、政府も中央銀行もパニックを起こしているので、可能な限りの政府支出や緩和、資金注入を敢行するだろう。しかし、いつの日か、投資家がみな諦めた時がベア相場の始まりになる。私はもうすでに諦めているが。

**――マーケットが中央銀行を信用しなくなると、「現金が王様」になりますか。**

**ロジャーズ**　もちろんそうだ。しかし、その際、持つべき通貨を間違えてしまうと大変なことになる。２００７年、危機の予兆を感じた多くの投資家はアイスランド・クローナで預金をした。なぜなら金利が15％もあったからだ。しかし、その後アイスランドは破綻し、投資家は現金をすべて失うことになった。だから、誤った通貨で現金を保有しても意味がない。そして、今回、持つべき通貨は、絶対に円でもスイスフランでもない。米ドルが最も魅力的な通貨と考えている。

しかし、一部では円が素晴らしい通貨だと考える人たちもいる。しかし、この本を読めば、私がなぜ円を持たないかがわかるだろう。今でも20～30年前の円の強さにしがみついている人たちは大勢いる。スイスフランも同様だ。通貨安が浸透するには何十年もかかる。現金を持つにしても、間違えた通貨を持ってはいけない。そして、現金以外にも金や銀も買うべきだ。直近では、銀価格が金より落ち込んでいるので、どちらかを選べと言われたら私は銀を選ぶ。

**――あなたが中央銀行総裁だったら、どんな政策をとりますか。**

**ロジャーズ**　難しい質問だね。マイナス金利や長期間のゼロ金利が歴史上存在したことはないので、FRBはとんでもない過ちを犯したのは間違いない。これが長続きするはずがないことも確かだ。ゼロ金利に近づき、あとどの程度続くかわからないが、それが失敗だと気付くと変化が生まれるだろう。日本はすでにマイナス金利になっているが、ゼロ・マイナス金利という実験のエンドゲームが近づいている。

私がFOMC議長だったらすぐに辞職する。金利をコントロールしようとせず、マーケットに自然の金利水準を探し出すようにするだろう。相場は私より頭が良いし、政策を決めている官僚や学者よりもはるかに頭が良い。だから、私が議長になったら、相場に金利を決めさせ、すぐに辞職するだろう。

**――投資なんて懲り懲りで現金が一番と思っている日本の読者へメッセージをいただけますか。**

**ロジャーズ**　みなが相場から逃げている時こそがチャンスで、相場に挑むべきだ。たとえ買わなくても、しっかり注視すべきだと思う。相場の動きを見て、相場がどう動くのか、人々がどう考えるのかを頭に焼き付けることだ。それが次の相場に生きてくる。みなが恐怖に怯えているときにこそ、勇気を出して買う。これで成功した例は過去にたくさんある。

世界は変わり続けるものだ。私は自信をもって言えるが、それが生きている中で一番楽しく、魅力的なことだ。しかし、読みを間違えると、変化は最悪の事態を引き起こすことにもなる。どちらにせよ、変化はとても興味深いものだ。そして「危機」があるときに変化はやってくる。

# 第 2 章

# これから世界で何が起こるのか
# ～世界の主要国が後退し、
# 中国覇権が加速する

# 今回のコロナ危機で欧米経済の凋落が決定的になる

**――今回のコロナショックは、国際政治や安全保障にも大きな影響を与えそうです。**

**ジム・ロジャーズ（以下、ロジャーズ）**　数十年後に現在を振り返ったときに、多くの出来事について、今回の危機が分岐点だったと記録されているだろう。長期的な視点に立てば、世界経済の成長が大きく減速し、アメリカや欧州はじめ世界の主要国の凋落が決定的になる。

世界史を見れば、人々が豊かになるのは国を開いて、人々の往来や交易がさかんになるときだ。大航海時代や19世紀の「第1次グローバル化」と言われる時代、そして、現在のグローバル社会における経済成長がそれを証明している。

19世紀は国際的で非常にオープンな100年だった。貿易、移住などが活発になり、交通インフラの整備もともなって、世界的な旅行ブームが起こった。資本も国境を越えて移動し、数多くの世界企業が誕生した。ラジオや映画など娯楽産業も誕生し、人々は文化の面でも豊かさを享受した時代だった。

しかし、第一次世界大戦を受けて、あらゆる国が国境を閉じ始めると、すべてが逆回転するようになった。その結果、第二次世界大戦という惨禍を引き起こしたのだ。その反省として、各国が二度と国境を閉じるような過ちをしないようにと、戦後まもなく国連やGATTが設立された。しかし現在、1920〜30年の教訓を覚えている人の大半は亡くなってしまっている。

近年、国際社会に過去の教訓を無視するような問題が生じている。アメリカには貿易戦争で勝利できると考える大統領が誕生した。歴史を見れば、貿易戦争に勝者など存在しないことは明らかだ。国を閉じて繁栄した例はない。しかし、アメリカの大統領は、歴史より自分自身のほうが賢いと思っているようだ。とても愚かな考えだ。そこへ今回のコロナ危機が追い打ちをかけた。アメリカはますます自分本位になり、国境に壁をつくるようになるだろう。

経済的に疲弊した国民もまた自己中心的になる。イギリスでは国民の半数以上がEUからの離脱を望んだ。排外主義やポピュリズムが蔓延したのは1930年代で、歴史はくり返されるわけではないが、歴史は韻を踏む。これはアメリカの文豪マーク・トウェインの言葉だが、世界の出来事のほとんどは、まったく同じではなく、少しだけかたちを変えてくり返される、という本質を突いた言葉だと思う。

**——ヨーロッパについてはいかがでしょうか。**

**ロジャーズ**　ヨーロッパはアメリカと並んで、コロナ感染が一番深刻な地域だ。中でもイタリア、スペイン、フランスの状況が深刻で、これらの国では経済活動の停止を余儀なくされているが、その影響がどれくらいになるか。債務危機の再発もあり得るだろう。

金融の面では、アメリカと同じ運命を辿るとみている。いずれの国の政治家も再選されたいために、空前の規模で緩和を行っている。かつては、「金融を正常に戻そう」と正論を唱える政治家もいたが、今はそんな話は一切出てこない。ギリシャも緊縮を行っていたが、いまは真逆な政策をとっている。

**——大量のお金が用意されているにもかかわらず、なぜ、世界経済は減速してしまうのでしょうか。**

**ロジャーズ**　それは大量の債務が足を引っ張るからだ。政府も民間も現在ほど、多額の債務を抱えた時代はない。債務は成長の機会を奪うのだ。欧米も日本も新興国も多額の債務を抱えている。まさしく歴史上初の異常事態と言ってよい。

世界中の債務が増え続けていると言ったが、そうでない国もある。北朝鮮やジンバブエには債務はない。また民間でも債務のない企業や個人には多くのチャンスが訪れるだろう。

# コロナショックがトランプの再選を脅かす

## ——2020年のアメリカ大統領選をどう見ていますか。

**ロジャーズ**　今回の危機が起こる前は、もし、どちらかに賭けろと言われたらトランプ再選に賭けていただろう。なぜなら、90年代以降、現職の大統領が再選されているケースが多いからだ。現職の大統領はホワイトハウスから、自身が再選するためにいろいろな手段を行使できる。地方の公共事業を許可し、株価を上げることで、再選に近づくことができるのだ。

しかし、今回の危機で株式市場が崩落した。なりふり構わずの対策で、株価や経済の落ち込みを食い止めようとしているが、そう簡単なことではない。

アメリカはこの10年間、経済は好調で、株価もほぼ右肩上がりに上昇し続けてきた。アメリカ経済の好調を支えてきたのは、新興国など海外経済にお金を投資したリターンによるものだ。金融立国と言えば聞こえはよいが、投資の上がりで食べていく国に変わってしまったのだ。

また、もう一つの要因は、シェールガスやシェールオイルなどエネルギー産業が、バブルと言ってよいほどの好景気にあったことによる。しかし、ここへ来ての原油価格の急落で、その好景気も終焉を迎えてしまった。

今回の経済危機で、新興国経済もこれまでのような高成長を続けるのは難しくなるだろう。良い投資先がなければ、金融立国など絵にかいた餅になる。また、エネルギー産業の復活も考えにくく、アメリカ経済は、いよいよ窮地に追い込まれたと言ってよい。

トランプ大統領誕生の立役者と言われる中西部の白人たちの多くは、老後の年金資産を株で運用している。そのため、株価の下落は再選を目指すトランプにとって大きなダメージとなる。

# 最大級の危機が中国の覇権を後押しする

**――中国については、どう見ていますか。**

**ロジャーズ**　先に、今回の危機で世界の主要国がみなダメージを受けると述べた。それは中国も例外ではないが、その中からいち早く立ち上がるのは中国だろう。私がアジアに移ったのは、中国が次の経済覇権を握ると信じているからだ。中国がアメリカに代わる覇権国になることを疑っていない。ただ、その過程ではさまざまな問題に直面するだろう。20世紀の覇権国家アメリカも、そこまでに至る過程ではさまざまな問題にぶつかった。先住民との争いや南北戦争、１９２９年の大恐慌など、そういったものは多元性を有する国家が拡大していく過程では避けて通れないものだ。

直近では、過剰債務の問題がもっとも心配だ。2008年の金融危機の際は、中国はたくさんのキャッシュを持っていて、そのキャッシュを使って金融危機を救った。しかし、その中国もいまや債務超過になっている。当時は、誰も中国にお金を貸したくなかったが、現在では、誰もが中国にお金を貸したいと思っている。政府は借り入れをなるべく抑えるように企業に指示を出しているが、過剰債務のいくつかの企業は破綻することになるだろう。そして、このことが世界経済にダメージを与えると見ている。中国とつながりの深い周辺国も影響を受ける。メディアはこぞって「中国発の危機」と報じるだろう。

中国は今後もさまざまな問題に直面する。その都度、経済的な後退があるだろう。しかし、成長する国、成長する企業が問題を抱えること自体は不思議なことではない。いっさい何の問題もなく成長できる国はそれ自体が問題で、そこには逆に危険が潜んでいると考えるべきだ。したがって、今回のコロナショックでも経済的な落ち込みに見舞われるだろうが、しかし、長期的に見れば、中国は覇権国家に向けて前進していくものと考えている。

中国も日本同様に人口問題を抱えていて、一人っ子政策を放棄したにもかかわらず、女性が相変わらず子供を産んでいない。しかし、彼らは日本や他国の例から学ぶことができる。日本ではすでに人口減少が始まっており、おそらく最も深刻になる。韓国、中国、台湾などは、もう数年、この問題に直面するまで時間があるので、日本のケースから学べる有利さがある。

中国という国は、本当に多くを海外の前例から学んでいる。日本の経済・産業政策から多くを学んで経済大国の地位を築き上げようとしている。また、軍事・安全保障の面では、アメリカや大英帝国の歴史から覇権国家として何が必要かを学んでいる。

**――共産党の独裁体制はリスクにならないでしょうか。**

**ロジャーズ**　中国人は自分たちの国家体制を共産主義と言っているが、中国は世界で一番の資本主義国家だ。数十年後のことを予想するのは難しいが、自らを共産党と称していてもその中身はほど遠いものになっているだろう。キューバも自国のことを共産国家と称しているが、現状はまったく異なるものだ。

したがって、中国も数十年後、支配層を共産党と称し、自国の体制を共産主義と称しているか否かは重要なことではない。もしかしたら人権党とか人民幸福党とか、現在とはまったく異なるトレンディな名前を名乗っているかもしれない。しかし、彼らが共産党と呼びながらも実態はそうでないように、何と呼ぼうが関係ないことだ。ベトナムも現在、共産党、共産主義と称しているが、経済の体制は共産主義とはまったく異なるものだ。

中国は何年もの間、7%~10%を超える高度成長を続けてきた。そのような高度成長が何年も続いた社会においては、人材はものすごく強くなる。私が初めて中国を訪れた頃に比べて、明らかに人材のレベルは上がっている。豊かになって子供の教育にも投資するし、企業も研究や開発に多額のお金を投じている。

いま世界でもっともエンジニアを輩出している国は中国だ。アメリカでも日本でもない。この事実が重要だ。中国はますます豊かになる。多くの企業もまだまだ拡大する。国の体制、政治制度は関係ない。かつてのアメリカが、ヨーロッパから貴族制度がないから発展しないと言われていたことを知っているだろうか。

日本でも中国の技術は時代遅れの古い技術だと、20年前から呪文のように悪く言っている人がいるが、それは重厚長大などのいわばオールドエコノミーの話だ。現在、中国経済を牽引しているのは、ニューエコノミーのビジネスだ。ファーウェイやテンセントといったITや通信分野で優れた技術をもつ企業は、日本はもちろんアメリカよりも優位にあることを認識すべきだ。

## アメリカが後退する一方で、多くの国に歓迎される一帯一路

**ロジャーズ**　近代の始まりとされる大航海時代以後、中国はあまり対外戦争を行っていない。いろいろな要因があってのことだが、孫子の兵法にあるように、中国は本来、闘うことを軽蔑する文化なので好戦的ではないのだ。

そして、中国は過去の歴史において、世界で唯一、3～4度も経済トップに立ったことがある国だ。スペイン、オランダ、イギリスなど他の国は、一度は栄えたものの再びトップに立つことはなかった。唯一中国だけがトップから陥落しても何度も復権している国なのだ。

いまから1000年も前の中国が、大英帝国の最盛期より多くの鉄を生産していたことは驚くべき事実だ。コロンブスが新大陸を発見する前に、中国はその存在を知っていたと

いう話もある。大航海時代よりも前に、アフリカに大艦隊を派遣していたのは確かな事実だ。しかし、当時の明の皇帝はすべての情報を伏せ、大艦隊も破壊するように指示した。

このように、中国という国は、世界が驚くような潜在的能力を秘めている。これから、ますます、その潜在力を発揮し世界に影響を与えていくだろう。中国が世界の牽引役になると考えるのは自然なことだ。

**――帝国化する中国を懸念する声が多くあります。**

**ロジャーズ**　特に中国と国境を接する国で、そういった意見が多いことも知っている。自国をはるかに超える勢いで軍備の拡張を行っている現実を目にしているので、そういった懸念が高まるのだろう。

軍事衝突というものは、突発的な要因で起こるものなので、絶対に戦争が起こらないとは言えないが、中国はこの先も軍事力ではなく、経済力を使って、自国を豊かにしていくと見ている。

実は日本人が考えているほど、世界の人たちは中国を脅威に思ってはいない。それは中国が遠い国でよく知らないということもあるが、アフリカの人たちなどは、傲慢で強圧的な白人たちに比べれば、中国人は穏やかで友好的だと思っている。

中国は毎年アフリカの首脳を北京に集め会談を行い、多額の支援をアフリカ諸国に行うなど、彼らとは良い関係を築いている。中国の行動を「借金漬けにして支配する」と揶揄する声もあるが、アフリカの人たちはそうは思っていない。

かつて、イギリスやフランスは、現地に軍隊を進攻させ、強権をもって彼らを支配した。もちろん対等の関係などではなく、それは一方的な収奪と言うべきひどいものだった。現在、中国が行っているアフリカ支援は、それとは明確な違いがある。もちろん、中国としては、アフリカはもちろん世界で自国のプレゼンスを高めたいという意図はあるだろう。しかし、そのように考えるのはどの国も同じではないだろうか。

私がロシアでよく目にするのは、空港で行列をなす中国人の団体だ。モスクワの赤の広場も多くの中国人でごった返していて、マンダリン（中国の標準語）しか聞こえてこない。それは、ロンドン、パリ、東京も同じで、そういう意味では、すでに帝国としての中国がぼんやり現れているのかもしれない。

もちろん、彼らはそこを軍隊で占領する必要などない。なぜなら、そこにはもう中国人が大勢いて、自分たちが自由に街を歩き、食事をして、現地の素晴らしい製品や工芸品を好きなだけ手に入れることができるからだ。

**――中国の一帯一路についてはどうお考えでしょうか。**

**ロジャーズ**　大航海時代、スペインやポルトガルは船で大洋を行き来し、世界を変えた。そして、いまからおよそ200年前には鉄道ができ、それがまた世界を変えた。シカゴという街は鉄道のおかげで発展した街だ。何もなかった中西部の街ががらりと変わった。人が集まり、産業が生まれ、アメリカを代表する大都市となった。サンフランシスコも同様だ。それはまさしくアメリカにおいての一帯一路だった。

遠くの都市を鉄道や船舶といった交通インフラで結び、経済圏に組み入れる。当時、シカゴにいた人は、みな金持ちになることができた。鉄道が通っただけで、街の価値が上がり土地の価値もみるみる上昇したからだ。

同じように、早い段階で一帯一路に賭ける人は、巨額の富を手に入れるチャンスがある。一帯一路で鉄道が通る街に投資すべきだ。そしてその土地をよく知ることであなたは成功でき、富を手にすることができる。中国の一帯一路は、その地域の成長を促すとともに、多くの人に富をもたらす。したがって、それは多くの人から歓迎される、非常に重要な政策になる。

## あまり知られていないが、中国の最大の弱点は「水問題」だ

**――中国に対して期待が膨らみますが、最大のリスク要因は何でしょうか。**

**ロジャーズ**　電力や大気汚染と考えるだろうが、それは間違いで、最大のリスクは水

問題だ。現在、中国は深刻な水問題を抱えており、それを解決するために、巨額の投資を行っている。

私がかつてバイクで世界一周をしていたとき、さまざまな国を訪れたが、多くの国における最大の悩みは水問題だった。日本人にはピンとこないかもしれないが、多くの国が水を確保することに苦労している。いくら資本主義でも、共産党でも、キリスト教でも、イスラム教でも、水がなければ何もできない。中国も水資源の確保が最大の課題になっている。

中国が目をつけているのがロシアだ。シベリアにはたくさんの水資源があるが、それを中国に運ぶ計画が進められている。共産主義でも国は繁栄できるが、水がなければ、繁栄はできない。独裁政府は暴動、伝染病には打ち勝つことができるが、水がなければ、独裁を維持することもできないだろう。

人口13億人の中国では、豊かになるにつれて、水の消費も増えている。食料を生産し、お茶を飲み、シャワーを使い、工業でもきれいな水が必要になっている。しかし、多くの場所で中国の水は水質が悪く、それに対する人々の不満が高いことも事実だ。中国の水ビジネスは、この先も有望と見るべきだろう。

# 香港はこれからもアジア金融の中心地であり続けるか

**――次に香港についてうかがいたいと思います。大規模なデモがあり、シンガポールなどに移住したいという人が増えています。香港はどうなるのでしょうか。このまま金融都市の地位を維持できるのでしょうか。**

**ロジャーズ**　第二次大戦以前、ニューヨークとロンドンに次ぐ金融都市は、パリでもベルリンでもなく上海だった。ところが、毛沢東が権力を握るようになると、それを潰してしまった。それに代わるように香港が、現在のような金融・国際都市に姿を変えた。しかし、鄧小平が改革開放政策を打ち出すと、再び上海が金融都市として急成長するようになった。同時に、金融都市としての香港は、横ばいもしくは低迷している。

5年前までは、企業がアジア進出を考えるとき、香港は必ず進出先のリストに載っていた。しかし、いまとなっては深圳、上海、あるいはシンガポールなどがリストアップされ、香港は入らない。ちなみに、東京もリストアップから外されている。

香港は、かつては素晴らしい製造業の拠点でもあったことを知っているだろうか。人件費が安く、中国国境にも近かったからだ。もう香港でつくられたシャツやテレビを買うことはないだろう。現在の香港の産業は金融、観光、不動産だ。

しかし、その3つだけでは、もはやアジアの金融センターを維持できない。都市間競争に敗れた都市にはつらい未来が待っている。アメリカにボルチモアという街がある。1850年当時、ここはアメリカで第3位の人口を有するアメリカを代表する都市だった。しかし、現在ではトップ25にも入っていない。ただ、ボルチモアという街は存在している。2050年にも同じく香港という街は存在しているだろう。しかしそれは、我々が知っている香港とは大きく違うものになっているに違いない。

**——次のアジアでトップの金融センターはどこになるのでしょう。**

**ロジャーズ**　上海か、そうでなければコンピューター、いや、スマートフォンかもしれない。アフリカでもモンゴルでも、どこにいてもスマートフォンさえ持っていれば、そこがマーケットになる。

あなたたちは各国の株式取引所を見たことがあるだろうか。私が子供だった頃、外国に行くと、必ずその国の取引所に行っていた。アイルランドのダブリンに行けば、必ず証券取引所に行っていた。しかし、いまダブリンに行ったとしても、取引所はたいしたものではないだろう。なぜなら、すべてがコンピューターに置き換えられているからだ。ウィーンも同じだろう。もしかすると、建て物は何もなく、そこはテニスコートになっているかもしれないね（笑）。

# 朝鮮半島は向こう10～20年でもっとも魅力的な地域になる

**――中国以外のアジアの国の話も聞かせてください。今後10～20年でもっともエキサイティングなのは北朝鮮とおしゃっていますが。**

**ロジャーズ**　以前から話をしている通り、私は38度線が開放されることを楽観的に見ている。そして、もしそのようになれば、朝鮮半島は向こう10～20年の間、最もエキサイティングでチャンスにあふれた場所になるだろう。

私はこれまでに二度、北朝鮮を訪れているが、北朝鮮の人たちはとても真面目で勤勉だ。にもかかわらず、労働コストが非常に低い。1970年までは北朝鮮のほうが韓国よりも裕福な国だったことは意外と知られていない。共産党と金一族の失政が、北朝鮮を非常に貧しい国にしてしまったのだ。

　しかし、北朝鮮には天然資源が豊富にあり、生産のノウハウもある。38度線が開き、中国ともしっかり国境が開けば、北朝鮮、そして朝鮮半島はアジアで最も刺激的な場所になると見ている。

　そのとき、切り札になるのが鉄道だ。いまでも中国とは鉄道でつながっているが、韓国やロシアのシベリア鉄道につながり、そして港湾ともつながるようになれば、北朝鮮の存在は東アジアでもきわめて大きなものになる。ちなみに、冬でも凍らない不凍港が北朝鮮にあって、ロシアはその整備に積極的に投資を行い、すでにその港を使い始めている。中国も同様に、北朝鮮に通じる橋や道路を建設・整備を進めている。このように周囲の大国は、北朝鮮の可能性に注目し着々と手を打っているのだ。

　北朝鮮には、子供を産もうという女性が多いので、少子化に悩む韓国にとっても朗報かもしれない。38度線の開放は、韓国の人口問題をも解決してくれるだろう。それ以上に、多額の防衛費を削ることができる。そのお金を北朝鮮に投資すればよい。もし38度線が開けば、中国やロシアからも多額の資金が入ってくる。北朝鮮を中心に、東アジアは成長著しい「熱いエリア」になるに違いない。

先ほど、1970年までは、韓国よりも北朝鮮のほうが豊かだったと言ったが、逆に言えば70年以降は何の前進もなかったことになる。韓国は「アジアの虎」と称されるほどに成長を遂げて豊かになったが、逆に北朝鮮は2011年までどんどん貧しい国になっていった。

しかし、その北朝鮮が、2013年以降大きく変わっていると言われている。国際的なマラソン大会が開催され、高層ビルが立ち並び、ピザ屋までできているらしい。金正恩の祖父の時代に、ピザ屋なんかを開いていたら、拷問され命はなかっただろう。私は2007年と2013年に北朝鮮を訪れたが、2013年に行ったときは、明らかに2007年とは街の景色が変わっていた。

北朝鮮を変えたのは金正恩だ。彼は、長らくスイスの学校に通っていたので、マインドは朝鮮民族のものではない。もし彼が国籍を選ぶことができ、スイスと北朝鮮のどちらかに住めるとしたら、間違いなくスイスを選ぶだろう。

しかし、彼が再びスイスに戻る道はない。北朝鮮で最高権力者の道を進む以外にはない。実は、日本やアメリカでは報道されていないが、金正恩は何度もスピーチの中で、「鄧小平が中国にもたらしたことを北朝鮮でも実現したい」と言っている。改革開放のような政策を進め、国を豊かにしたいと考えているのだ。日本やアメリカの多くのメディアはこうした事実を報道しないので、彼の本心はほとんど知られていない。

同時に、北朝鮮の国民も、金正恩のこうした政策に期待を寄せている。未来を信じ彼を支持している。しかし、その期待が大きいだけに、裏切られたときには国民の失望と怒りで、とんでもない事態が生じる可能性がある。

## アメリカと日本は朝鮮半島の統一を望んでいない

**ロジャーズ**　2018年6月、シンガポールで歴史的な米朝首脳会談が開かれたとき、金正恩は平和協定の締結を望んでいた。それに対しペンタゴンは、「北朝鮮との平和協定の締結などありえない」と取り合わなかった。金正恩は平和協定を望み、韓国、中国、ロシアもそれを望んでいた。しかし、アメリカと日本はその平和協定に反対した。

安倍首相は朝鮮半島が統一されれば、日本はいろいろな面で不利になることを自覚している。また、アメリカは3万人の兵士を韓国に駐留させている。もし、朝鮮半島が統一されれば、アメリカ軍は韓国から撤退しなければならなくなる。

朝鮮半島は中国やロシアに近く、両国に睨みをきかせる意味でもペンタゴンは韓国から撤退することは避けたい。金正恩はアメリカが非核化して韓国から兵を退かせれば、自分たちも非核化すると言っている。金正恩の要求はそれほど不当なものだろうか。自分たちが非核化するのなら、相手も非核化してほしい、というのは至極まっとうな取引ではないだろうか。

私は、韓国の文大統領がもう少しアメリカに対して強硬的に、「私たちは何千年もここにいるのだ。朝鮮戦争から70年も経っている。もう撤退してくれ」と言うかと期待していたが、文大統領は強くは主張しなかった。

同様に、トランプ大統領もペンタゴンに対して強硬ではなかった。彼はベトナムで金正恩と対談したときに、「北朝鮮はあまりにひどい。とんでもない要求をしてくる」と言って交渉を打ち切った。しかし、北朝鮮側はそんなことは言っていないと反論している。

どちらが正しいかはわからないが、結果は、アメリカ軍司令官の要求どおり、両国が平和協定に調印するには至らなかった。朝鮮半島の平和を望まないアメリカの目論見どおりになった。同時に、朝鮮半島が統一され経済的な優位性を持たれることを恐れる日本にとっても、良いニュースになった。

しかし、私は、もう38度線が開放される流れは止められないと見ている。早ければ、数年内にそのときが来る。そうなれば、日本も経済政策はもちろん、安全保障についても見直しが必要になる。すぐにアメリカとの同盟が解消されることはないが、その距離感については大いに考えるべきときが来るだろう。

## 日本にとって東アジアの成長は、千載一遇の大チャンス

**――その通りになれば、韓国は魅力的な投資先になりますね。**

**ロジャーズ**　長期的に考えればその通りだが、現時点では韓国よりも日本のほうに魅力を感じている。

韓国には期待しているもののまだ時期尚早だ。韓国はいま多くの難題に直面している。日本とは歴史認識問題から貿易戦争を生じさせた。中国との関係も微妙だ。ミサイル防衛問題で中国は不快感を露わにし、韓国に対して非常に厳しい制裁を加えている。そして、アメリカは世界各国と貿易戦争を起こしている。

加えて、今回の世界経済の危機だ。韓国は日本やアメリカのように内需が強い国ではな

い。ＧＤＰに占める輸出依存度が大きいのが特徴だ。したがって、今回の世界的な経済危機の影響を、日本やアメリカ以上に受ける。今後、さらなる変化が朝鮮半島に見られない限り、韓国に投資をする時期はもうすこし先だと思っている。

**――しかし、長い目で見れば、アジアは有望な投資先になりますね。改めて日本はどうでしょうか。**

**ロジャーズ**　日中、日韓の間に数多くの問題があることは知っている。しかし、安倍首相はこのチャンスの中で、「我々も中国、韓国との関係を強化して将来の富を手に入れよう」と言うべきだと思う。

さらなる成長を遂げる中国、ロシアのシベリア開発、朝鮮半島の投資機会、これらすべてに関して、日本は先行者優位を取るべきだ。先にも述べたが、北朝鮮には不凍港があって、そこには中国やロシアが積極的に手を伸ばしている。将来的には鉄道網をつないで、強力な輸送インフラを築こうとしている。日本企業はお金が余っているならば、こういったインフラ事業に投資すべきだ。なぜ、そうしたリスクを取ろうとしないのだろうか。

信じられないことだが、現在、東アジアからヨーロッパまでの輸送は、船で運ぶよりも鉄道で運んだほうが安くすむ。船便は時間がかかる代わりに安いというのが常識だったが、現在はＩＴによる輸送管理と鉄道網の発達で、船便よりもはるかに早く、しかも安く運べるようになっている。

したがって、シンガポールなど海運の恩恵を受けてきた都市は、これから逆風に晒されるかもしれない。シンガポールは、地政学的には要地と言える場所に位置している。中東と極東の経済大国日本を結ぶ海運上の要の地だった。しかし、今後は、中国が推し進める一帯一路によって、逆風が吹くだろう。海運の時代から陸運の時代に変わろうとしている。その最大の立役者が中国であり、ロシアである。

日本は中国が進める一帯一路に、積極的に投資すべきだ。そして、中国やロシア、韓国とともに成長著しい市場において富を築いていけばよいのだ。いま日本と韓国の間、対馬海峡に海底トンネルをつくろうとしているグループがあることを知っているだろうか。日本人の多くが反対していると聞くが。

## ——安全保障を懸念する声がありますね。

**ロジャーズ**　どうしてそのように考えるのだろうか。

私は、対馬海峡に海底トンネルができれば、高速道路や大陸の鉄道網とつながることで交通の便が向上し、日本経済や産業にとって大いにプラスに働くということしか思い浮かばない。

東京から車に乗ってソウルまで行くことができ、鉄道で朝鮮半島を経由して中国、ロシア、ヨーロッパに製品を輸送できるのだ。これが実現するのは画期的なことではないか。21世紀のアジアを代表する巨大プロジェクトになるだろう。もしトンネルが失敗で安全保障上の懸念が生じたならば、そのときはトンネルを封鎖するか、さもなくば爆破してしまえばよい。

# 変化を好まない日本人は、儲けのチャンスを失っている

**――その通りだと思いますが、素直に「イエス」と言えない感じもあります。**

**ロジャーズ**　日本と韓国の仲が悪いのは有名だ。日本と韓国を比較してみると、日本人はシャイな性格で内向きに感じる。それが日本文化の持つ繊細さにつながっているのだろうが、企業のものづくりにしても一番に国内の需要を意識している。

しかし、韓国を見てみると、サムスンにしてもＫ－ＰＯＰにしても、はじめから海外を意識しているように思う。そして、韓国人は外国人にもフレンドリーで、彼らを快く受け入れてくれる。

なぜかというと、韓国には長い間アメリカ人がいたからではないだろうか。日本にも進

駐軍がいてアメリカ人がいた時期があったが、戦後十数年で引き揚げてしまった。一方、韓国はアメリカ軍の基地が国内の至るところにある。だから韓国人はアメリカ慣れしているのだ。というよりアメリカ向きに商売をしているのだろう。

**――韓国が90年代以降、急成長を遂げた理由は何でしょうか。**

**ロジャーズ**　一番の理由はグローバル化の影響で、日本の製造業の地位が低下し、それに代わってサムスンなど韓国や台湾のものづくりが台頭したことだ。

しかし、それよりも前から、アメリカが韓国にばく大な金額の投資をしてきたことを知っているだろうか。70年代以降、アメリカは巨額の資金を投じて、経済的な支援やインフラ整備に力を注いできた。ひとえに北朝鮮を叩きたかったからだ。

私は、正直自分たちの税金を、そのようなことに投入してほしくはなかった。なぜ、アメリカ国内ではなく韓国の高速道路建設にお金を使うのだろうと不満に思っていた。しかし、当時、アメリカの安全保障政策のうえで、共産勢力との戦争はとても重要なものだった。

アメリカが韓国に投じた資金は、日本に投じた額を上回っている。韓国の人口は日本の半分以下なので、アメリカによる投資が韓国に相当なインパクトを与えたことは確かだ。ソウル五輪後の90年代前半には、韓国は経済的にかなり力をつけていた。

外国人の私から見れば、とても不思議に思う。なぜ、文化的にも近い関係にある両国が、もっと仲良くできないのかと。食事や芸能に関しては、お互いが認め合っているのに、なぜ政治や経済になると仲が悪くなってしまうのか。

# いま世界的投資家が注目している国や地域はどこか

**――いま投資したいと思っている国、地域はありますか。**

**ロジャーズ**　くり返しになるが、もし38度線が開くようであれば、一番は朝鮮半島に投資したい。しかし、現時点では北朝鮮に株式市場は存在しない。ただ、北朝鮮はシンガポールなどに人を送り込み、株式市場について研究させていることをご存知だろうか。住宅についても、保険についても熱心に研究させていると聞いている。

もし君が賢い投資家であれば、北朝鮮に投資すべきだ。いまのうちに土地を買っておくべきだろう。韓国、日本、アメリカなどと競争せずに自由に土地を買えるとしたら、北朝鮮の土地を買うだろう。だが、私はアメリカ人であなたたちは日本人だ。もし、北朝鮮の土地を買えば投獄されてしまう。私は投獄されてまで金持ちになりたいとは思わない。貧しくても自由に生きていたい。なので、いま北朝鮮の土地を買おうとは思わない。

ロシアも魅力的な投資先だ。ロシアは債務が少ない国である。なぜなら、誰も共産主義の国にお金を貸したいと思わなかったからだ。かつての中国に似ている。

しかし、いまロシアはプーチン大統領の強力なリーダシップのもとで、インフラ整備に力を入れている。かつて、私がオートバイでロシアを横断したときには、まともな道路はほとんどなかったが、いまでは全土で整備が進み、高速道路や立派な橋が建設されている。

また、極東のウラジオストックの開発にも力を入れていて、ロシアを代表する大学をつくり、多くの人が集まる極東の経済拠点としたい考えだ。ロシアの極東やシベリアには豊富な資源が眠っている。中国との国境にも近く、またロシア領内ではあるが多くの中国系の人たちが暮らしていることもあり、中国も熱心に投資を進めている。

私は、このように、大きく変わろうとしているロシアを好意的に見ている。ロシアは世界中から嫌われているが、私は嫌われている国や人のほうにむしろ魅力を感じる。中国もそうだったが、みなに嫌われているものを積極的に好きになろうと思っている。

## ――他に魅力的な国はありますか。

**ロジャーズ**　刺激的だと思うのは、もし投資が許されるのであればベネズエラだ。しかし、ベネズエラの土地を買うことも、まだアメリカ人には許されていない。アメリカは「自由の国」とうたっている割にはあまり自由がないね（笑）。

私は、これまでの歴史から、大惨事が起きた国に投資をしておけば、数年後にリターンが返ってくることを学んだ。その法則に従えば、ジンバブエがそれにあたる。私は最近、少額ではあるがジンバブエの株を買った。数十年持てるのであれば、素晴らしい投資になると思っている。あなたたちも、世界を見て、大惨事が起こった国を見つけたなら、ブローカーに電話して、すぐにその国に投資すべきだ。

ベトナムではＥＴＦに投資している。ベトナムも長い目でみれば、魅力的な市場だと思っている。人口は９０００万人を超えていて、みな勤勉だ。人口が多くほぼ単一民族で構成される国は、多民族・多宗教の国に比べて安定的に成長し続ける。

他には南アフリカランドが購入できれば魅力的に感じる。森林火災が起きたオーストラリア、暴動の起きた香港、こういった国や地域にも目を向けるべきだろう。

また、コロナの影響で下落している中国、航空銘柄、ホテル産業、こういった業界も注意を払っておく必要がある。

**――オルタナ資産はどうお考えでしょうか。原油や金といった商品への投資も考えていますか。**

**ロジャーズ**　私は日本の農業への投資を勧めたい。日本の農家の平均年齢は約66歳。そして彼らの子孫は大阪や東京、そしてシンガポールに移り住んでいる。アメリカの農家の平均年齢も約58歳と過去最高で、オーストラリア、カナダも似たようなものだ。そしてイギリスの農家の自殺率は非常に高く、インドも同様だ。今後、農業には大きな変化が起こると思っているので、農業への投資はお勧めしたい。

日本語には次の中国のような言葉はあるだろうか。それは「ウィー・ジーン」と言って、「大惨事の後にはチャンスが訪れる」ということだ。

## ——日本語の「危機」でしょうか。

**ロジャーズ**　ピンチの次にチャンスが訪れる、ピンチとチャンスは表裏一体という意味だ。農業に当てはめると、平均年齢がどんどん上がっていく中で、農業に投資することができれば、ピンチの次にチャンスが訪れる。ここ20〜30年、農作物の価格は右肩下がりに下落している。長期の投資という意味では、農作物にも目を向けるべきだろう。

もし、地方の土地に投資をしたくなければ、農作物の先物を買うのはどうだろうか。例えば、砂糖は最高値から8割下がっている。8割も下がる銘柄などそうあるものではない。砂糖は日本株以上に最高値から下がっているのだ。したがって、世界中の投資家が金や銀に投資し続けている中、私は砂糖など高値から大きく下げているものを買っていきたいと考えている。

私はもう8年間、金や銀には投資していなかったが、ここ最近また、それらへの投資を始めている。さらに、金や銀が下がる展開になれば、ここは惜しみなく買おうと思っている。

## 第3章

# 20年後、「日本終了」が現実味を帯びてきた

# 私が日本人なら海外脱出するか、ＡＫ－47（自動小銃）を使えるようにする

**――日本に対して警鐘を鳴らし続けていますが、日本人の危機意識はあまり高まっているとは言えません。**

**ロジャーズ**　１９６８年に世界第2位の経済大国となった日本は、50年以上の長きにわたって繁栄してきた。先の大戦、いやその前から大変な問題を何度も乗り越えてきた。しかし、現在、直面している重大な問題に対して、目を背けすぎだ。日本の借金は日々膨れ上がっている一方で、人口は減り続けている。出生数も大きく減少していて、数年先はともかく20～30年後には大変な状況になる。

人口推計はあらゆる将来予測の中で、もっとも精度が高い予測と言える。日本の国立社

会保障・人口問題研究所の推計によると、２０４０年の日本の出生数は70万人前後にまで落ち込む見通しだ。２０４０年に70歳になる１９７０年生まれの出生数は２００万人もいる。その頃は70歳の高齢者も働いているかもしれないが、現在の社会保障制度が維持できるとは思えない。これは私の意見や感想ではなく、データが示す事実なのだ。

日本の将来を考えたとき、ものすごい勢いで子供を増やすか、移民を受け入れるか、とんでもないスピードで借金を減らすかしない限り、日本が長期停滞から脱する見通しは絶望的だ。若者が減って高齢者が増える。社会保障のサービス水準が変わらないとすると、数少ない若者に重税を課さない限り借金は増え続ける。誰にでもできる未来予測だ。

このままいけば、日本には恐ろしい未来が待っている。すぐに消滅することはないが、外資に買われまくるといったかたちで、実質的に国家が維持できなくなる可能性もゼロとは言えないだろう。

日本人は本当に「変化」を嫌う国民だ。みな現状を「維持」しようと懸命になる。私は日本の子供たちに、こう伝えたい。「あなたが10歳だったら日本から逃げるか、ＡＫ－47（携帯用の自動小銃）を使えるようにしろ」と。生きているうちに社会の混乱から逃げられないからだ。

20～30年後には若い世代が大きく減って、巨額の借金が残される。歴史や海外の例を見れば、このような状況下では、いつ暴動が起きてもおかしくない状況になる。その頃になると、日本は現在のような平和で落ち着いた、礼儀正しい人たちの国ではなくなっていて不思議はない。

あなたたちは、これまでの人生でこの国における繁栄と平和しか経験していないだろう。しかし、奇跡が起きない限り、これから20～30年後、いや、10年後には違う状況になっているはずだ。

私はこれまで数多くの国を旅したが、日本より素晴らしい国はないと感じている。美味しい食事やきれいで清潔な街並み、歴史、伝統、文化、四季のある気候、穏やかな精神、協調性の高い国民性も素晴らしいと思っている。

だが、国家の盛衰は必ず起こり、転落し始めると一気に衰退することを歴史は教えてくれる。あなたが1919年にイギリスを訪れたならば、こんな素晴らしい国は他にないと言っていただろう。その頃のイギリスは世界ナンバーワンの国で、金融、ものづくり、文化の面でも世界をリードする国だった。

いまでもイギリスは良い国には変わりない。しかし、イギリス人の暮らしは1919年から低迷し続けていて、1976年にはIMFに助けられるところまで没落してしまった。イギリスも日本と同じように「変化」を嫌ったからだ。

**――日本も少しずつではありますが、変化を受け入れているように感じます。**

**ロジャーズ**　本当にそうだろうか。私にはまったく「変化」しているようには思えない。人口減少はいっこうに改善されない。いま若い人が子供を産もうとしないのは、将来に対する不安が大きいからだ。若い人ほど何かがおかしい、と感じているのだ。

政府は「働き方改革」と称して、労働市場に変化を起こそうとしているが、どれだけの変化が起こっただろうか。高齢者はもちろん現役世代、いや若者の多くも保守的と言わざるをえない。日本では、若者がなりたい職業の1位が公務員だという。若者がこぞって公務員になりたいという国のどこが変化を受け入れている国なのか。

中国では多くの若者がカリフォルニア州のシリコンバレーのスタートアップに憧れて、ガレージで起業をしようとしている。アメリカでも同じだ。しかし、日本の若者はどんなに新しくて魅力的な仕事があっても、さほど強い関心を示さない。

百歩ゆずって、「ゆっくり」と変わり始めているとしよう。しかし、「ゆっくり」が問題なのだ。社会保障にしても、少子化対策にしても同様で、非常にゆっくり変わっている間に人口は減り、借金は増えていく。その間に日本は没落してしまうだろう。

## 外国人にとって日本ほど不自由な国はない

**――少子化対策では間に合わないのではないでしょうか。**

**ロジャーズ**　その通り。20年後には間に合わないだろう。私は移民政策が不可欠だと思っている。安倍首相は、新たに34万5000人の外国人労働者を受け入れると発表したが、これは移民政策に一歩踏み出したということでは評価できる。

人口1億2500万人の国で、今後5年間で34万5000人増えたとしても問題の解決にはつながらないが、好意的に解釈すれば、政府は「変化」を嫌がる国民に、少しずつ免疫をつけようとしているのかもしれない。

日本人は気が付いていないかもしれないが、世界の多くの人は喜んで日本で働きたいと思っている。とりわけ高度人材は日本で働きたいと思っている。なぜなら、多くの人は日本に来れば稼げると思っているからだ。さらには、治安も良いし、清潔ですべてが効率的で、食事も何もかも素晴らしい。日本が国を開けば、優秀な人材が日本に押し寄せてくるだろう。

働く人だけではない。学生もどんどん受け入れるべきだ。日本で学びたいという外国人学生はたくさんいる。韓国や中国の子供たちと話をすると、大学の数が少なく競争が激しいため、大学に入りたくても入れないと言う。私は彼らに「日本に行きなさい。日本は大学の数が余っているから」とアドバイスしている。日本では定員に満たない大学が数多くあると聞く。そのような大学は積極的に外国人学生を受け入れるべきだ。

しかし、総じて日本は、海外から人を受け入れる意識が希薄だと言わざるをえない。日本には日本人しかいないと思っている人が多すぎるのではないか。例えば、非常に小さいことだが、私が成田でお金を引き出そうとしたとき、海外発行のクレジットカードが使えなかった。考えてみてほしい。世界有数の国際空港が、海外発行のクレジットカードを受け付けないのだ。これは明らかに日本人が外国人を見ていないことの証明になるだろう。欧米はもちろん、中国でも韓国でもトルコでも海外発行のクレジットカードは使うことができる。

## 海外に目を向けなければ、日本は縮小していくだけ

**ロジャーズ**　経済が好調で、国が上昇基調にあるときは、外国人のことなど気にしなくてもよい。特別な関心を示さなくても、向こうから来たいと言ってくれるからだ。しかし、衰退した国に、外国人は来ようとは思わない。ましてや、日本が停滞している一方で、中国や韓国が成長し外国人にとっても魅力的な国になっている。だから、日本にとってそう多くの時間があるわけではないのだ。

例えば、ローマ帝国の全盛期には多くの人々が集まってきた。イスラムが隆盛を誇っていたときも同様で、中央アジアにサマルカンドなどといった華やかな文化都市が生まれた。しかし、一度、国家が下降局面に入ると、一転して排外主義に転じるのが常だ。異なる肌の色や髪、宗教、言語をバカにし始める。だから、移民を受け入れるのであれば、経済が

衰退してからでは遅いのだ。

移民の受け入れに関して、近いところで過去の成功体験をたどると、アメリカは移民を積極的に受け入れてきた。彼らは外国人に土地を与え、アメリカに移住してくるインセンティブをつくった。アメリカは新しい移住者が過去に何をしていようと、アジアだろうとアフリカだろうと出身地にかかわらず彼らに土地を与えた。したがって、19世紀以降、アメリカには多くの移民たちがやって来て、それがアメリカの活力となった。

移民として海外に出ていく人の多くは、勇気がありチャレンジ精神にあふれた人だ。家族や友人と離れ、住み慣れた母国を後にして海外へと移住する。そのような活力にあふれた人たちを受け入れることで、その国はますます発展するようになる。

シンガポールも成功した国だ。50年前、シンガポールの国民は5万人しかいなかった。しかし、当時の首相リー・クアンユーは、高学歴で高度なスキルをもった外国人を積極的に受け入れる政策を推し進めた。彼の政策は、本当に大盤振る舞いで、シンガポールに来てくれたら、土地も家も何でもあげるからというくらいの姿勢だった。そして、いまのシンガポールがある。

移民で繁栄する国がある一方で、外国人を受け入れずに衰退してしまう国もある。19

60年頃、ビルマはアジアでもっとも裕福な国の一つだった。しかし、政権交代を受け、外国人の多くが追放されると、一気に転落して、名前がミャンマーに変わったその国は、アジアでも最も貧しい国の一つになってしまった。

このように排外主義によって衰退した国というのは、過去の歴史の中に数多く存在する。1957年、ガーナは英国支配下の中で最も裕福な国だった。しかし、外国人を追い出し、そのわずか10年後に破綻した。エチオピアもかつては、世界でも裕福な国の一つだった。しかし、やはり外国人を排斥し没落していった。

現代に話を戻すと、ドイツはメルケル首相が急速な移民受け入れ策を進め、結果、国民の不満が一気に高まり政策の見直しを余儀なくされた。私は、メルケルの政策を聞いたとき、数が多すぎるし、急速すぎると思った。

2015年以降、ドイツが受け入れてきた移民の数は100万人を超える。これは他のEU諸国と比べても飛びぬけて高い数字だ。日本やヨーロッパのように、本来、多民族で構成されているわけではなく、一元的な社会においては、移民問題は非常にデリケートな問題で対応が難しい。だからこそ、事態が深刻になる前に、早めに手を打つ必要があるのだ。

いろいろ難題は多いが、閉鎖的、排他的な国はやがて低迷を余儀なくされることを歴史は明確に示している。シンガポール、アメリカ、中国もそうだろう。いずれの国も国を開いて外国人を歓迎した。

## 技術大国は昔の話で、日本のプレゼンスは後退している

**——国を開くという以外に、日本人への助言はありますか。**

**ロジャーズ**　私の知っている日本人は何かをつくる際、これは個人でも組織でも、ト

ヨタやソニーのような大企業でも、街の食堂や洋菓子店でも、徹底的に品質にこだわって素晴らしいものをつくる。第二次世界大戦がきっかけだったのかもしれないが、それ以降とんでもなく品質の高いものをつくる意識に目覚めたのだろう。

私がよく話をするエピソードだが、1950年代、ピッツバーグにある世界最大のアルミニウム会社でこんなことがあった。CEOが日本のドラッグストアでも買えるアルミのロール箔を持ち帰って従業員に見せたところ、その品質の高さに従業員たちは目を見張り、「これは最高品質を達成すべく特別につくられたロールに違いない」と思ったという。しかし、それは特別でもなんでもなく、日本の工場で一般家庭向けの商品として普通につくられているものだった。

それを聞いた従業員たちはみな一様に驚いた。彼らが最高品質の製品と思ったものが、日本では普通の製品にすぎなかったのだから。それは、鉄でも、電化製品でも、バイクでも同じで、外国では最高級品と思えるような高品質なものが、日本ではそれが普通と考えられてきたのだ。

日本のホンダがアメリカに進出するときの宣伝文句は、「ホンダのオートバイに乗ると最高に最善（nice）な人たちに会える」というものだった。当時のアメリカ人はこの広告文句をバカにしたが、その後ホンダは、世界最大のオートバイメーカーとなった。

それは、トヨタも同じで、1965年当時、ゼネラルモーターズは世界を代表する大企業だった。そこにコンサルタントが来て「日本メーカーがアメリカで車を売り始めようとしている」と報告すると、幹部たちはみな笑い飛ばして「日本人なんかどうでもいい。別にアメリカで商品を売っても問題ないだろう」と言ったという。

それから44年後、GMは破綻し、トヨタは世界最大級の自動車メーカーに成長した。彼らは高品質な自動車を消費者が納得する価格でつくり続けたからだ。私はアメリカ自動車メーカーの車の質がどんどん悪くなるのをこの目で見てきた。日本の車は価格も抑えられていて質が高く、燃費もよかったので、自動車先進国と言われたアメリカ市場を席捲してしまったのだ。

世界で一番美味しいステーキハウスがどこにあるか知っているだろうか。それは東京の銀座にある。テキサスではなく、カンザスシティーでもなく銀座にある。世界で一番のイタリアンも、私は東京にあると思っている。

かつての日本人は、価格が大事だと思っていた。他の国よりも安くつくることが重要だと。しかし、価格だけでは顧客は離れていってしまう。長期的なビジネスを成功させるためには、クオリティ（品質）が大事だということに気が付いたのだ。

それは日本の強みである。最大の差別化であり、競争力の源泉になる。この日本人の強みは、幼いころからの教育、崇高な倫理観や協調性、他を思いやる心などから生まれているものだ。したがって、他の国が同じことを真似しようと思っても、一朝一夕に実現できるものではない。

**――私が小学生だった頃、日本の携帯にはスクリーンに色がついていました。サマースクールでアメリカに行ったとき、私はカラーの携帯を見せつけたのを覚えています。アメリカ人の子供にとってカラーというのは、携帯ケースの話であって画面はいまだ白黒だったのです。彼らがカラーの画面を見て驚いたのは言うまでもありません。私が小中学校の頃、日本のメーカーは世界の最先端を走っていました。数多くの素晴らしい技術があったのに、現在ではAppleやGoogleの後塵を拝しているのはどうしてでしょうか。**

**ロジャーズ**　家電製品の単純な組み立て作業は、シンプルになり、マニュアル化され、韓国や台湾の人もできるようになった。これが直接的な理由だろう。しかし、真似できるのは、マニュアル化された単純な製品やサービスだけだ。複雑な工程が必要な製品や「おもてなし」といった気配りは、日本人の最大の強みだということを、もう一度、思い出すべきだ。

それと同時に、これは日本だけの話ではないが、裕福な国の二代目三代目は、徐々に働かなくなっていく傾向がある。日本語で「売り家と唐様で書く三代目」という表現があるそうだが、同じような表現が英語にもあって、初代が苦労し事業で成功しても、二代目になるとだんだんと悪くなっていき、三代目の頃になると、芸ごとや風流の道には通じているが商売はまったくダメで、結局は事業を潰してしまうということを皮肉ったものだ。「唐様」というのは中国風のことで、中国風の文字が書けるほど芸ごとに通じていることを意味している。

日本人の多くは、第二次大戦の敗戦で、貧しく、辛い思いを経験した。そして、それから脱するために勤勉に働き、懸命に貯蓄に励んできた。これはアメリカでもヨーロッパでも同じだが、苦しく貧しいときには倹約し、みなハードワーカーになる。しかし、豊かさを実現した後の世代、具体的には1970〜80年代以降に生まれた人たちは、あまりハードには働かなくなっていると思う。
1980年代、私がアメリカで出会った日本人は、みな同じ人間とは思えないくらいハードワーカーだった。「日本人は何かが違う、超人的で我々に同じことはできないだろう」と感じたアメリカは、日本人に働きすぎるな、レジャーにお金を使えと言うようになったのだ。それが功を奏しすぎたのかもしれない。

**——アメリカの陰謀だったのですね（笑）。**

**ロジャーズ**　いやそうではない。歴史の真理、社会の本質と言うべきものだ。私には二人の娘がいるが、彼女たちに、いまから120～125年前のアメリカの教科書を見せたことがある。そのレベルの高さに彼女たちはとても驚き、まったく理解できないと言っていたことを覚えている。
1900年当時のアメリカ人の子供は、現在の大学生が学んでいるもの、もしくは、大学院生が解くような問題を学んでいたのだ。1900年といえば、アメリカが世界一の経済大国としてその存在感を示し始めていた頃である。ヨーロッパに追いつき追い越せで、みな一生懸命に勉強し働いた時代だった。20世紀になって、なぜ、アメリカが偉大な国になれたのかがわかる気がした。

私には二人の娘がいて、ともにアジアの教育システムで勉強させているが、シンガポールの教育のレベルの高さには目を疑った。彼女らの1年分の宿題は、私の学校生活12年間分の宿題の量を上回っている。幼い頃、私はアメリカの教育が最高だと思っていたが、アジアの教育システムは、その何倍も素晴らしいものだと思う。何よりも教育が人材を育てる、ということを理解している点が素晴らしい。

現在、アメリカの教育は、大幅にレベルが低下している。教育がかつてほど重要視されなくなっていて、小学校の先生が非正規で数日の研修を受けただけで教壇に立つところもある。アメリカほどひどくはないが、日本でも先生になりたいという人は以前ほど多くないと聞く。東京都では、教員採用の競争率が3倍程度だというが、一般的には競争率が7~8倍はないと良い人材は選べないとされている。

教育や勤勉さは、すぐに解決できる問題ではないかもしれないが、かつての日本人は、ハードワークが当たり前で、そのことが技術大国日本を支えていたことを思い出してほしい。

# 日本人は「変化」を怖がりすぎる

## ――日本の労働時間や貯蓄率は急速に下がってきています。

**ロジャーズ**　私は自分の記憶力には自信があるが、1960〜70年代、日本人の貯蓄率は15〜20%もあり、財政も健全だった。しかし、その後、大規模な財政出動をくり返し、国内の債務はとんでもなく巨大になった。日本の政治家たちは、長きにわたって、車の通らない高速道路や橋を建設し、景気対策、雇用対策という大義名分を掲げて赤字を膨らませ続けた。同時に、彼らは農業支援、農業土木事業にも多額の税を投じ続け、とりわけ米作農家を篤く支援してきた。

私がアメリカにいたとき、日本人の教授と議論をする機会があったが、その中で「日本の消費者は、アメリカでの米の価格の6倍ものお金で米を買っている」という話を聞いた。私は、「なぜ政府はそこまでして米作農家を支えているのか」と問いかけたところ、その教授は「我々は海外のお米は体質に合わないので、食べるとお腹をこわす」と真顔で言っていたのを覚えている。最初、彼は冗談を言っているのだろうと思ったのだが、彼はまじめにそう思っていたようだ。

現在ではだいぶ農業分野もオープンになってきたようだが、過剰に農家をサポートするのは、農業のためにならないことを認識すべきだ。日本の選挙制度の問題もあるが、いつまでも農家をサポートすることが、結果として、農業従事者の高齢化につながり、国際的な競争力を失わせることになっている。

私は日本の農業には大きな期待を寄せている。例えば、イチゴのような果物は世界的に見ても高い競争力をもっている。事実、日本のイチゴがヨーロッパの高級食料品店で売られている。空路でヨーロッパに持っていくわけだから、そのコストの分、値段は高くなる。それでも売れるということは他にはない価値があるということだ。イチゴはほんの一例で、日本の農産物のレベルは高く、世界に目を向ければ、新たな市場を獲得できるだろう。

「変化」を怖がらないこと。新しいことにチャレンジすることが大切だ。

**――変化や新しいものへのチャレンジを躊躇するのは、日本人の特性でしょうか。財政や社会保障の改革もなかなか進みません。**

**ロジャーズ**　これはシルバー民主主義も関係する問題で、日本に限らず先進国の多くの国で、同じような問題に頭を痛めている。しかし、先にも言ったように、簡単な算数ができれば、日本は20～30年後にとんでもない問題に直面することがわかる。これは債務と人口から導かれる簡単な算数の話だ。

高齢者に支払いを約束している年金も債務の一部だ。１９６０～70年代、年金制度が誕生した頃、日本の経済は右肩上がりに順調に成長していて、高齢者は少なく、制度は盤石に思えただろう。しかし、80年代に入ると少子化問題が顕在化し、人口動態からも将来の危機は認識されるようになった。にもかかわらず、政治家たちは目先の票を優先し、問題を先送りし続けた。有権者に年金が、医療制度が大変なことになりますよとは訴えずに、景気対策として公共事業を増やしますよと訴え続けたのだ。

年金や社会保障問題を考えるときに、解決の方法は次の3つしかない。1つめは年金や医療のサービスを引き下げる。2つめは税金や保険料を上げる。3つめは借金して現状を維持する。1つめは高齢者が反発し、2つめは現役世代が反発する。その結果、3つめの借金をして現状を維持することを続けているが、いつまでも借金を続けられるわけはなく、どこかで問題が噴き出してくるのは必至だ。10年、20年の間には必ず出てくるだろう。最初にも言ったように、あなたが10歳の子供であれば、日本を脱出するか、AK－47を持つかを迫られる事態に追い込まれるに違いない。

これは余談だが、私はいま娘たちに日本語ではなくマンダリン（中国の標準語）を習わせている。なぜなら、娘たちは将来的に日本語を聞く機会は少ないと考えるからだ。どちらかといえば、日本で英語や中国語が話されるようになるかもしれないとすら思っている。もちろん、そうならないように願っているが。

## 日本の潜在能力を活かすには、イノベーションを起こせる起業家が必要

**ロジャーズ**　先に、農業の可能性に言及したが、日本や日本人がもつ潜在的な力を引き出すには、既存の枠を打ち破り、新しいことに果敢にチャレンジするイノベーターが必要だ。このような話をすると、ビル・ゲイツやスティーブ・ジョブズのような若者が起業するイメージを持つかもしれないが、何も若者に限った話ではない。企業で働きながら、新しい事業を起こす人が出てきてもよい。

**――日本では「出る杭は打たれる」ということわざがあります。**

**ロジャーズ**　それは日本だけではなく、世界中にある。

**――そうかもしれませんが、たとえば、アメリカやシンガポールに行くとイノベーションは非常に歓迎されますが、日本では必ずしも歓迎されません。**

**ロジャーズ**　覚えておいてほしいのは、日本もかつてはイノベーターを歓迎していたということだ。本田宗一郎や盛田昭夫、彼らは出る杭だったのではないか。著名ではないが、商社マンや金融マンたちも新しいことに果敢に挑んでいた印象がある。

しかし、その世代は引退し、たしかに次の世代は、誰も出る杭になりたくなく、特に日本ではイノベーターは少ないかもしれない。

いま世界で一番のイノベーション大国は中国だろう。中国は毎年、アメリカの10倍もの数のエンジニアを輩出している。10倍のエンジニアを輩出するということは、それだけの投資を行う力がある国ということだ。また、中国の若者の多くもエンジニアになることを望んでいる。才能ある若者はこぞってエンジニアを目指すというのだ。

一方、アメリカでは、日本もそうかもしれないが、いまだ弁護士や医者を目指す若者が多い。エンジニアよりも弁護士や医者のほうが、収入が多いと思っているのだろう。だから、本来、優秀なエンジニアになれる才能があっても、違った道に進んでしまうことになる。これは国家としての損失と考えるべきだ。

もちろん、中国がアメリカの10倍のエンジニアを輩出するといっても、すべてが優秀なエンジニアではないだろう。しかし、その中からアリババ、テンセント、バイドゥ、ファーウェイをつくったようなエンジニアが出てきて、さらなるイノベーションを起こすに違いない。

中国がアメリカや日本を超えるテクノロジー大国になることは、もう約束されたようなものだ。

# 観光、医療は日本の競争力優位な分野

**――技術立国日本はますます厳しくなりそうですね。**

**ロジャーズ**　ただ、目先を変えれば、日本にはいくらでも道はある。先に挙げた農業もそうだし、最近では観光が新たな道になりつつある。30年前、日本へ観光で訪れることを考える人はほとんどいなかった。最大の理由は、円がとても強く日本への渡航費や滞在費が高かったことだ。また、当時は、日本の観光インフラもほとんど整っていなかった。

そこから現在に至るまでに、2つの出来事が生じた。1つは円安が進み、費用が安くなったこと。もう1つは、日本の観光地、例えば、京都などが外国人を歓迎するようになったことだ。北海道や東京も外国人観光客の必要性に気づき、外国人の受け入れ環境を改善するようになった。政府の積極的な政策も功を奏して、巨大な観光マーケットが生まれた。

とりわけ、アジアの人々が日本に目を向け始めた。中国では、4億人と言われる海外旅行者が日本に興味をもった。円安の影響もあって日本に行く人が爆発的に増えた。同じく韓国人も東南アジアの人たちも日本の魅力を知り、大挙して押し寄せるようになった。実際に日本に行った外国人は、日本の四季や食事、文化、日本人のおもてなしに感動し、リピーターがたくさん生まれた。

たしかに、日本の観光資源は魅力的で、観光立国のシンガポールは、同じアジアに日本という強力なプレーヤーが出現したことで、観光客は頭打ちの状態が続いている。

私は、ぜひ、世界の人たち、とくに政治を志す人には広島を訪れてほしいと思っている。原爆という人類史に残る悲劇を知ってもらいたいからだ。

**――医療ビジネス、特に高齢者に向けた医療についてはいかがでしょうか。**

**ロジャーズ**　医療分野は、今後、明らかに成長するマーケットだ。日本の政府は引き続き医療費を減らすことはしないだろう。なぜなら、政治家たちは、高齢者たちの反発を恐れて予算を削ることができないからだ。また高齢者に限らず、働く人の多くは医療に関心が高く、自らの健康にはお金を惜しまないので、医療・健康分野は素晴らしいビジネスになるだろう。

介護など高齢者の需要が高いビジネスは、日本に限らず世界的に成長が約束されている。日本は高齢化社会の先頭を走っている国である。人生100年時代と言われるなか、介護ロボットはよく知られているが、ベッドや入浴をサポートするための介護器具、保険やモーゲージなどの金融分野など、この分野のビジネスで世界をリードしていく力は持っているだろう。

ただ、高齢者が増え続け、若者が減り続けるなか、この分野の労働力をどう確保するかが最大の問題になる。

**――たしかにそうですね。外国人労働者の受け入れを考えているようですが、高いレベルの日本語をマスターしないといけないなど、高いハードルが課されています。**

**ロジャーズ**　日本を救うには移民政策を推し進めることだと言ったが、介護従事者に対する日本の厳しすぎる基準には「やっぱり」といった感じで驚きはしなかった。外国人に冷たい日本なら当然の基準ということだろう。

ある医療施設が、フィリピンから看護師を連れてこようとしたところ、日本がそれを容認せず、その医療施設は、なんとフィリピンに場所を移し、そこで日本人を受け入れたという話がある。このように、今後は日本ではなく海外に、日本人のための老人ホームがつくられる可能性もあるだろう。部屋を和風にして、お米やお箸があれば、まったく日本と雰囲気が変わらない。そこに暮らす高齢者たちは、日本にいるような気持ちで生活できるかもしれない。

# 東京オリンピックはむしろ中止のほうが良い理由

**――話を変えますが、最近話題になっているMMTについてどう思われますか。**

**ロジャーズ**　きわめて愚かな発想だと思う。ただ、どんなにバカげた発想でも、経済が停滞しているときには、信者が増えて理論が徐々に広まっていく。そして、選挙でもこうしたバカげたことを掲げる者が勝ってしまうことがある。

いずれアイビーリーグなど名門大学でも、MMTを授業で教えるところが増えるだろう。そして、さまざまな人たちがMMTについて議論するようになる。経済が停滞しているとき、かつてのような成長が期待できなくなったとき、人々はどうしても白馬に乗った騎士を探し求めてしまう。その騎士を過大に評価して、これが解決策だと決めつける。現在の騎士はドナルド・トランプ、インドのモディ、日本の安倍首相もその中に入れてよいだろう。情勢が悪くなると、このようにひどいアイデアが素晴らしいと捉えられることがあるのだ。

それはマルクス主義も同じだ。かつては、多くの人たちが、共産主義こそが白馬の騎士だと思っていた。しかし、いま結果を見ると、それが間違いだったことは明らかだ。マルクスは、政府がすべての資金をコントロールすべきで、そうすれば、みなが平等に裕福で幸福になれると主張し、多くの支持者がそれを信じた。

それが正しかったか否かは、80年代のソ連や中国、キューバのことを勉強すれば、明確な答えを出すことができるだろう。現在のＭＭＴは１００年前のマルクス主義のようなものである。多くの人はＭＭＴこそが、この停滞感を打ち破る解決策になると信じたがっているのだ。

しかし、多くの人はＭＭＴがいったい何なのかを理解していない。マルクス主義と同じように。マルクス主義もかつてあれだけ多くの人々が熱狂し、それを支持したにもかかわらず、実際にその理論をきちんと理解している人は多くはなかった。

過去50年から１００年を遡れば、こうした眉唾もののアイデアに飛びつき、推進しようとした政治家はたくさんいたことがわかる。

**――例えば誰が一番はじめに頭に浮かびますか。**

**ロジャーズ**　それはアドルフ・ヒトラーだ。彼は奇抜な政策を主張し、巧みな演説で人々の支持を集めた。そして、独裁者の地位へと昇りつめた。チリやペルー、イタリアでも独裁者が誕生したが、結果としては、いずれも誤った政策を行ったことは歴史が明らかにしている。

**――話を少し変えますが、東京オリンピックについてはどう思われますか。**

**ロジャーズ**　はっきりしていることは、オリンピックが経済的に国民のためになったことはない。オリンピックを誘致し開催することで、政治家は票を得ることができる。また、スポンサー企業や建設業など関連ビジネスは多くの収益を上げるかもしれない。しかし、過去にオリンピックで救われた国など、まったく存在しない。これは疑いようのない事実だ。

なぜなら、オリンピックというものは、債務を増やすものであって、いずれどこかで国民がツケを払うことになるからだ。政治家は、「オリンピックは日本にとって素晴らしい機会だ」と言い続けるだろうが、日本を救う機会になることはない。日本のみなさんは、オリンピックが開催されるかどうかが心配だろうが、それよりも、その後の債務のことをもっと心配すべきだと言いたい。

# 私が日本の政治家だったら、少子化対策と移民政策に取り組む

**——あなたが日本の政治家だったら、どんな政策を行いますか。**

**ロジャーズ**　私がもし、日本の政治家だったら、一番に優先して取り組むのは少子化対策だ。どうすれば、女性が子供を産みたいようになるかを考える。そして、このことに大きな予算を使うべきだと主張する。

そして、同時に、日本の財政の立て直しに取り組むだろう。日本の予算における歳出は、歳入をはるかに上回る状態が続いている。赤字国債の発行が常態化しており、財政赤字は毎年増え続けている。何度も言っているが、こんなことがいつまでも続けられるはずがない。

財政は破綻しなくても経済は破綻する。財政を健全化させなければ、いつの日か国債の金利は跳ね上がり、日本の円は暴落してしまう。そうなれば、国民はこれまでのような豊かな暮らしを続けることは難しい。だから、無駄な歳出を思い切ってカットする。

次に、移民政策に取り組む。シンガポールのように、スキルの高い外国人に移住してもらうにはどうすればよいかを考える。優秀な外国人の人材を日本に呼び込むことで、高齢化がもたらすショックを緩和させることもできる。また、素晴らしいアイデアを持った外国人が日本に来てくれることで「変化」を起こし、イノベーションが起こりやすい社会に変えることができるかもしれないと思っている。

私がもし日本で政治を行うなら、少子化対策と移民政策、この2つの問題にエネルギーを傾けたいと思う。

第 4 章

# 世界の常識で考える、人生設計＆投資戦略

# 日本人以上に海外では子供の教育に力を入れている

**――ここからは、人生や教育、お金との向き合い方について、お話をうかがっていきたいと思います。まず教育についてです。幅広く海外を知るロジャーズ氏からみて、日本の教育について、どう思われますか。**

**ロジャーズ**　日本人は昔から教育には大変熱心で、親たちは子の教育に力を注いできた。そして、それはいまも変わっていない。財布の紐がかたい日本の親たちも、わが子の教育に関しては、惜しみなくお金を使うと聞いたことがある。

教育が大切なのは間違いない。ただ、教育は学歴とは違う。日本人の多くが、良い教育とは、良い学校、良い大学に行くことと思っていないだろうか。たしかに、良い学校に行き、良い大学に進むことは間違いではない。私も娘たちに「勉強して良い成績をとりなさい」と言っている。しかし、そのあとにこうも言っている。「良い成績をとるだけで成功できるわけではない」と。たしかに、良い成績をとって良い大学に進むことができれば、チャンスが広がるし、人生の選択肢も増えるだろう。良い仲間にもめぐり合えるかもしれない。

しかし、それでも良い人生を送れるか、成功した人生となるかどうかに、学歴は関係ないと思っている。東京大学を卒業した人たちは、みな幸せな人生を送っているだろうか。そうでない人もたくさんいるだろう。私はイェール大学を卒業し、オックスフォード大学に留学した。いずれも世界的に知られている名門大学だが、両大学の卒業生で大成功したという人をあまり知らない。

だから、私自身、子供の教育で正しいことができているかどうかは自信がない。いま私が行っていることは、子供がやりたいことを全力でサポートしてあげることと、外国語を学ばせることくらいだ。

**――お金や投資について、早くから子供に教えたほうがよいことはありますか。**

**ロジャーズ**　子供の成功を望むならば、親が子供の道を決めるのではなく、子供が情熱を見つけられるように後押しをするべきだ。サッカーが好きと言えば、サッカークラブに入れてあげ、楽器が弾きたいと言えば、教室に通わせてあげればよい。

私は娘たちに対して、特にお金や投資の話はしていない。将来、彼女らが興味を持ち、私に聞いてくればそのときはいろいろアドバイスしようと思っている。

ただ、お金に関しては、次のエピソードだけは紹介しておきたい。長女が14歳の頃、私は彼女に「外に出て仕事を見つけてきなさい」と言った。それまでは家の手伝いをすると小遣いをあげていたが、そろそろ外で働く経験をしてもらいたかったからだ。

私は、マクドナルドで時給8ドルのパートタイムの仕事を探してくるだろうと思っていたが、彼女はなんと中国語を教える時給25ドルの仕事を見つけてきたのだ。親バカと思われるかもしれないが、娘は私が思っていたよりもずっと賢かったようだ。その後も、私たちは、基本的に子供に小遣いを渡していない。お金が欲しければ、仕事か何かをしてお金を得るように教育している。

少し先の話になるが、子供には、私の遺産についてもあまり多くを遺すべきではないと思っている。少なくとも、娘たちが40歳になるまでは遺産に手をつけられないようにしたい。なぜなら娘たちには自分で人生を切りひらき、自分自身の足で人生を進んでいってほしいと願っているからだ。それが幸せな人生を送る最善の道だと思う。私はそのことを常に意識して、わが子の教育に向き合っている。

# 外国語を話せることはグローバル社会で大きな武器になる

**――先ほど、外国語を学ばせているとおっしゃいましたが、やはり外国語を話せることは強みになりますか。**

**ロジャーズ**　私は若い頃にもっと真剣に外国語を学ばなかったことを、とても後悔している。もっと多くの外国語を習得できていれば、より多くの情報を手にし、それを正確に分析でき、ビジネスでもっと成功できたと思っている。なので、特に若い人には外国語を学んでほしい。

私がアメリカを離れてシンガポールに移住を決めた理由の1つは、二人の娘たちに英語とあわせて中国語を習得してほしいと思ったからだ。いま世界の共通語は英語だが、私は

20年以上も前から、将来的には間違いなく中国語の影響力が大きくなることを確信していた。当初はアメリカにいて、娘たちに中国語を学ばせようと考えていたが、それでは私が思うようなレベルには上達しないとわかった。だから、家族でシンガポールへの移住を決めた。中国語をネイティブランゲージとする環境に身をおいたほうがよいと思ったのだ。シンガポールに移住して10年以上になるが、いまでは娘たちは中国語を流ちょうに操るようになっている。同じように中国語圏に移住をするならば、カナダのバンクーバーや台湾も良い場所だと思う。

## ——中国語以外の言語はどうでしょうか。

**ロジャーズ**　私は中国語が一番と考えるが、もちろん中国語以外でもよい。まずは英語を話せるようになることが大切だ。英語をマスターした人は、さらに中国語やスペイン語を学べばよい。スペイン語は中国語と同じく、世界で多くの国が母国語としている言語である。

かつてはフランス語が世界の公用語という時代があったが、フランス語の地位は大きく下がっている。残念ながら、日本語も同様だ。かつて、アジアの国々で圧倒的に日本語の人気が高かったが、いまでは中国語がはるかに上を行っている。

グローバル経済の時代になって、海外とビジネスをする機会が圧倒的に増えている。特に人口減少で国内市場が縮小していく日本では、海外の市場を取り込めなければビジネスが成り立たなくなってくる。したがって、外国語の習得がいま以上に不可欠なものとなる。

これからはアジアが成長する。それを考えれば、日本人は、中国語はもちろん、韓国語やロシア語を学ぶべきだと考える。

# 貧しい国になっていく日本では、海外投資は不可欠になる

**――海外に目を向けよ、というメッセージは一貫していますね。**

**ロジャーズ**　残念ながら、現在の住み心地はいいものの、これから日本は確実に貧しくなっていく。財政赤字が膨らんでいく一方で、日銀が金融緩和でお金を刷り続けている以上、将来、円の価値は確実に下がるからだ。

円がいまの価値を保っているうちに、早急に海外に資産を移すことを勧めたい。現在、多くの資産を持っている高齢者たちは、基本的には円高の時代を生きてきた人たちだ。円で資産を持っていれば、その価値は相対的に上がっていった。現金で貯金を増やしていくという行動は、大きく間違ってはいなかった。

しかし、これからは円の価値が下がることを考えて行動しなければならない。インフレにも警戒が必要だ。日本の財政は危機的な状況にあるが、そもそも財政赤字の返済などできるはずがない。歴史上、財政赤字で窮地に陥った例はたくさんあるが、いずれもきちんと返済できた例はない。ブルボン朝のフランスや敗戦直後の日本、最近では財政破綻した旧ソ連がそうである。みな猛烈なインフレに襲われ、国民の資産価値は大きく失われることとなった。

日本円で保有する資産と年金をあてにしている人が多いだろうが、そういう人ほど痛手が大きくなる。額面通りの金額を受給できたとしても、円安とインフレで実質的な価値は大きく目減りしてしまうからだ。財政破綻した旧ソ連の年金が、猛烈なインフレでその価値をほとんど失ったことを知るべきだ。

80年代、90年代には、普通の国民が海外に投資するのは、ややハードルが高かったかもしれない。しかし、いまでは普通に海外の口座がつくれるし、面倒くさいことが嫌いな人は、海外の株や債券のＥＴＦに投資すればよい。

**――海外に移住を希望する日本人が増えています。**

**ロジャーズ**　そうだ、君はシンガポールで、日本人が海外移住をするためのサポートをしているんだったね。海外移住するには、ある程度の資産を持っていることが必要になるかもしれないが、まずは海外で働いてみてはどうだろうか。それならば、そうハードルは高くないはずだ。

シンガポールでもたくさんの日本人が働いているし、中国でも多くの日本人が働いている。日本に身を置いている人は、できるだけ早いうちに海外に身を置くことを経験すべきだと思う。大切なことは、日本の外の世界から日本という国を見て、客観的に自分たちの姿を知ることだ。世界が広がれば、投資や資産運用だけではなく、人生においても視野が広がっていく。

# 人生100年時代、これまでのライフプランを見直せ

**ロジャーズ**　私は、大学に進学するとき、出身地から1500キロも離れた場所にある大学に入学することを決めた。大学を卒業した後は、イギリスに留学した。私は、この決断がいまの私をつくってくれたと思っている。生まれ育った場所とは違う世界を見て、価値観を感じられたことは大きく視野を広げてくれたと感じている。

イギリスのノーベル賞作家キプリングは、「イギリスの旗」という詩の中で、「イギリスのことしか知らない人が、イギリスの何を知っているというのだ?」という言葉を残しているが、まさにその通りだと思う。鏡がなければ自分自身がどんな姿をしているのかわからないように、自分を外から客観的に見ることをしなければ、自分の真の姿を知ることなどできないのだ。

**――人生100年時代と言われていますが、これまで以上に若い頃の経験が大切になってきますね。**

**ロジャーズ**　近代以降、とくに戦後、多くの国で寿命が延び、人生70年くらいと考えられるようになった。人生70年であれば、おおよそのライフプランは、20歳まで勉強し、そこで得た知識やスキルで60歳まで働き、70歳まで10年間を現役時代の貯えで生きるというものだった。しかし、100年時代となると現役時代は70歳、75歳まで延びることになる。そうなると、若い頃のインプットがいっそう重要になってくるだろう。

先ほど、若い人ほど外国語を学ぶべきだと言ったが、若い頃に多くを学び、多くのスキルを習得した人ほど、現役時代の選択肢が広がり、多くの収入を得る機会に恵まれる。

それに関連して、いろいろなところで話をしているが、私は結婚や出産は遅いほうがよいと思っている。実際、娘たちには28歳まで結婚はするな、と言っている。なぜなら、ほとんどの人間は20代前半の若い頃には何も知らないものだ。自分がどのような人生を望み、どのようなパートナーがふさわしいのかを理解している人はほとんどいないだろう。きちんと自分自身を認識し、物事の道理がわかるようになるまで結婚を待つことは、人生を成功させるうえで必要なことだと考えている。

子育てにも多くの時間とエネルギーが必要だ。若い頃の貴重な時間の多くを、子育てに費やすことは、私は正しいとは思わない。自分の知識を広げスキルを高めるために時間とエネルギーを注ぐべきだ。

ただ、子供を産むなと言っているのでは、けっしてない。子供は本当にかわいく、子供と過ごす時間は幸福に満ち溢れている。多くの人が、子供が生まれると人生が変わると言っていたが、いま、その言葉の正しさを実感している。

ただ、あまり急ぎすぎないことだ。私が人生ではじめて子供を授かったのは60歳を過ぎてからだった。もし私が30歳の頃に子供がいたとしたら、いまのような幸福感を味わえただろうかと思う。その頃の私は、投資に夢中で多くの時間とエネルギーを、その世界につぎ込んでいた。やりたいことがたくさんありすぎた。子供との時間は苦労としか思えずに、子供にとっても、母親にとっても、そして私自身にとっても幸せな時間にはなっていなかったのではないだろうか。

# 投資の基本はシンプルで「安く買って、高く売ること」

**――ここからは、投資についてのアドバイスをいただきたいと思います。日本の慎重な人たちにはどのようなアドバイスをしますか。**

**ロジャーズ**　最初に、そう怖がらなくてよいと伝えたい。「絶対に勝てる」という方法など存在しないが、投資はそれほど難しいものではない。基本は「安く買って、高く売ること」だ。

そう言うと、簡単なことだと思われるだろうが、これができていない人が多い。ほとんどの人は、ブル相場ばかりに目を向け、ベア相場は気にかけようとしない。心当たりのある人は多いのではないか。特に日本人は、ブル相場でだいぶ上昇したあとで、自分も乗り遅れてはいけないとばかりにマーケットに入ってくる。それではだめだ。

私はその逆で、常にベア相場を気にかけていて、底値を探している。人々が熱狂しているときにはあえて静観し、誰も気にかけていないような割安状態にあるものを探すようにしている。

1973年に、私はジョージ・ソロスとヘッジファンドを共同で設立し、割安の株や商品に投資した。それらの投資は大成功し、10年で4200％ものリターンを生みだした。「安く買って、高く売る」ことはそれほど難しいことではない。東日本大震災でパニック売りされた日本株に投資したが、確実なリターンを上げることができた。2019年の安倍政権の消費増税で多くを売り払ったが、再び日本株には目を向けている。

ジンバブエにも投資をしているが、ジンバブエはハイパーインフレに見舞われ、2015年にジンバブエドルが廃止されるなど、混乱の極みにあった。この投資も5年、10年後には大きなリターンをもたらしてくれると思っている。

これも何度も言っているが、日本の農地はかなり割安で、いまが底値に近いと思っている。買うことができるのなら、日本の農地を買いたい。

私は日本に限らず世界的に農業には成長余力があり、十分な投資チャンスがあると考えている。特に日本の農家はかなり高齢化していて、競争がない世界だ。戦略をもって若い担い手を集めることができれば、明るい未来が待っている。

農業の担い手として、移民を受け入れてもよいだろう。定年後の人たちに働いてもらうのもよいかもしれない。農産品のクオリティはいまでも世界レベルにあるので、いかに生産性を高め、グローバルな視野でマーケティングを強化していくかがポイントになる。

日本にいるとなかなか気が付かないかもしれないが、日本の農地は、長い間、かなり割安な状態で放置されている。資金がある人はいまこそ農業に投資すべきだ。

# 投資で成功する法則①
# ―懸命に働いて資産をつくること

**――「安く買って、高く売ること」以外に、アドバイスはないでしょうか。**

**ロジャーズ**　まずは貯蓄をして、資産を築くことだ。誰もが最初から資産を持っているわけではない。特に若い人はそう多くの資産を持ってないだろう。だからこそ、まずは、仕事で成功して資産をつくることだ。

そして、誰もが一夜にして億万長者になりたいと思うだろうが、そう簡単にはいかない。次のアドバイスとしては、辛抱強く投資の機会を待つことだ。成功する投資家の条件は、大体の時間何もせずに慎重に待つことができる人だ。チャンスが来たと感じたとき、思いっきりよく投資する。そして、再び待つのである。

## 投資で成功する法則②
## ―一つの分野のプロになり知識を高めること

**ロジャーズ**　次のアドバイスとしては、自分が決めた分野については徹底的に研究し、その分野のエキスパートになるまでは投資をしないことだ。多くの人がテレビやインターネットなどから得た情報を鵜呑みにして、「アップルは割安だ」とか「3万ドルまでは上がる」などと言って投資を始めてしまうが、お金儲けはそんなに簡単なものではない。

対象は何でも構わない。ファッション、車、スポーツ、料理、何でもいい。もし、あなたの興味がファッションにあるとしたら、本やインターネットでファッションに関する情報を徹底的に調べ上げることだ。そして、一時的ではなく、それを何年間も継続させることだ。それができれば、投資家の視点、投資家の発想が見えてくる。

そうなると、その知識を身内や友達に自慢したくなるが、はじめは誰にも言わないことだ。黙って、その分野で成功できそうなビジネスや企業について調査する。これも一時的にではなく、継続して調べることが大切だ。そうすれば、ロンドンの金融街やウォール街のアナリストよりも先に、成功するビジネスや企業を見つけることができるだろう。

また、誰かに勧められたから買うのではなく、投資は自分で調べて行うべきだ。私は常に自分ひとりでやってきた。これからもひとりでやっていくだろう。これまでの経験上、他人の言うことに耳を傾けると損をするとわかっているからだ。

**――日本では不労所得と言って、投資を敬遠する人も多くいます。**

**ロジャーズ**　いま話したようなことが必要だと言っても、やはり不労所得と思うだろうか。たくさんの時間と努力を必要とし、そして売るときにも多くの時間と努力が必要になる。何年もその分野について調べ、そのうえで投資するのだ。そこに至るまでに、5年、10年という月日を要しているかもしれない。投資とは、楽をしてお金を手にする類いのものではけっしてない。

## 投資で成功する法則③
## ―慎重に投資しその後は何もしないこと

**ロジャーズ**　もし、あなたが人生の中で20回しか投資ができないと言われたら、投資について慎重になり、あちこち軽率に投資することはなくなるだろう。自分で絶対に正しいと思うまで徹底的に調べ上げ、それから慎重に投資するに違いない。成功する投資とは、まさしくそういうものなのだ。とことん自分で調べてから、慎重に買う、これに尽きると思っている。

もう一つ大事なアドバイスがある。株を売った後は何もしないことだ。いったん投資を行うと、またすぐに何か行動を起こしたくなるのが人間というものだ。とりわけ、大きく儲かって自信過剰になっているときほど注意したい。

次のトレードに乗り移るのではなく、同じトレードを貫けばよいのだ。慎重に待ち、また勉強を始めて、自分で良い機会が来たと思ったら、再度慎重に投資すればよい。しかし、大半の人は待てずに焦ってしまうから失敗する。どうしてもトレードしたくなったときには、ビーチに行ってゆっくりビールでも飲んでいればよい。

実は「待てる」ということも、投資家として成功するために大切な資質の一つと言える。投資家に必要なのは、ほとんどの場合、何もしないことなのだ。

私の経験上、利益を出した直後に、次の良い投資機会が存在することはない。なので、落ち着いて待つことだ。くり返しになるが、人生でたった20回の投資機会しかないと考えることだ。そうすれば、急がずに、焦らず、次の投資機会を待つことができるだろう。

# 不安の時代には金や銀に投資するのが正しい

**ロジャーズ**　私は2019年の夏から金を買い始め、それ以降も継続して買い続けている。私はもっと多くの人が金や銀に投資すべきだと思っている。

誰もが医療保険や終身保険を持っているように、ポートフォリオとして金や銀を持つべきだ。医療保険や終身保険は、できれば一生使いたくないものだが、それを持っていると安心できるものだ。金や銀もポートフォリオの中で、そのような位置づけにあるべきだ。

もちろん、タイミングが合えば大きな利益を生み出してくれる。私は、そう遠くない未来に、金や銀が大きな利益を生むと見ている。なぜなら歴史を振り返ると、人々が政府に対して信頼を失くしたとき、金や銀の価格は急騰しているからだ。

**――金の適正価格はどれくらいだと考えていますか。**

**ロジャーズ**　それはあなたの住宅の適正価格がいくらかと聞いているようなものだ。50～60年前と現在との物件価格は大きく違っているだろうし、近くに高速道路や鉄道の駅ができたかどうかでも違ってくる。よって、金や銀の価格に関しても、経済環境や政府に対する信頼などで適正と思われる価格は大きく異なると考えるべきだ。ただ、くり返しになるが、これから金の価格は大きく上昇すると見ている。なぜなら、政府に不安を抱いていて、通貨を信用できないと思う人が増えると予想するからだ。

**――今回の危機を受けて、金を売る人たちも増えています。**

**ロジャーズ**　それはいい。みんなが売っているときが最大の買い場だと思う。そういうときにこそ私は買いたい。

# 人生と投資で成功したければ、世界を知り歴史と哲学を学ぶこと

**――インタビューも最後になりました。常に歴史や哲学を学ぶことが大切だとおっしゃっていますが、それはどうしてでしょうか。**

**ロジャーズ**　投資で成功するには、未来に思いを馳せ、未来と対話できなければならない。そのためには歴史を知ることが大きな武器になる。

「歴史は韻を踏む」というマーク・トウェインの言葉を紹介した。至極名言で、その言葉のとおり、歴史は韻を踏むように少しずつかたちを変えながら反復するものだ。過去に起こった出来事と似たようなことが、未来にも必ず起こるのだ。

したがって、過去の出来事を知っていれば、将来に備えることができる。多くの場合、

未来は現在の延長線上にあるが、突如として断絶するときがある。そういったときに、歴史を知っていることが強みになる。歴史を知ることは人間を知ること、そして危機を知ることなのだ。

私が歴史を子供に教えるときは、一つの情報源だけでなく、いろんな情報源を頼るべきだとアドバイスしている。例えば、テレビであれば、ＢＢＣやＮＨＫ、中国のニュースなどいろいろなものを見たほうがよい。そして、中東のアルジャジーラもいい情報源と捉えるべきだ。

なるべく多くの情報源から全体像を見出さなければならない。アメリカの第二次大戦記を読むだけでは不完全で、日本やロシアの戦記も読むべきなのだ。様々な情報源から歴史を読むことで全体像が見えてくる。なぜ一方だけではいけないのか。それは、すべての歴史は自国に都合よく書かれているからだ。

また、哲学を学ぶことも大変重要だ。哲学は人間の本質、社会の本質について学ぶ学問だ。未来を知るためには、人間を知らなければならない。今回のようなコロナ騒動を見ても、危機を引き起こすのは人間だ。だからこそ、歴史を知り、文学を読み、映画や演劇を観て、人間を知ることが大切になる。

# エピローグ　日本人はもっと現実を直視し、心配し、行動せよ

2019年、東洋経済オンラインに「私が10歳の日本人だったら、海外に脱出するか、自動小銃を携帯する」という趣旨の記事を掲載したところ、大変な反響があった。「何をバカな」と批判を受けるものもあったが、多くは「その通りだと思う」という好意的な反応だった。

本編でも指摘したように、日本は巨額の財政赤字があって、少子高齢化に拍車がかかっている。その結果がどうなるかは、誰の目にも明らかだろう。

このままいけば、インフレと通貨安が日本を襲い、日本は確実にいまよりも貧乏になる。経済的に困窮した社会では、人々の心は荒び、社会秩序も不安定になる。このような状況は世界のさまざまな国で見られてきたことだ。

今回のコロナ騒動では、アジア人に対する差別的感情が高まって、アメリカに住むアジア系住民（特に中国系）の多くが、自己防衛のために銃を買いに走ったと伝えられている。

それでも日本は違う、そのように考える人は多い。本当にそうであれば何も問題ないが、

過去の歴史を見ると、どうしても不安にならざるをえない。

本書では、こうした日本に対して、私の考えるところを述べてきた。少子化対策や財政赤字の解消は何度も指摘されてきたことだろう。しかし、私はいまの日本にとって必要なことは、世界に目を向けること、日本の外に出て客観的に自分たちの国を見つめることだと言いたい。ぜひ、積極的に海外に出て行ってほしい。自分たちの真の姿に気づいてほしい。

破綻というものは、静かにゆっくりと訪れるものだ。少しずつ力を加えた枝が、あるとき限界に達してポッキリと折れてしまうように。そうなる前に行動を起こしてほしい。いますぐに。

本書を読んでくれた読者一人ひとりが、気づき、心配し、行動を起こしてくれることを期待している。

ジム・ロジャーズ

## 監修・翻訳者紹介

### 花輪陽子

１級ファイナンシャル・プランニング技能士（国家資格）、CFP® 認定者。外資系投資銀行を経て FP として独立。2015 年から生活の拠点をシンガポールに移し、東京とシンガポールでセミナー講師など幅広い活動を行う。『少子高齢化でも老後不安ゼロ シンガポールで見た日本の未来理想図』（講談社プラスアルファ新書）、『夫婦で貯める１億円！』（ダイヤモンド社）など著書多数。海外に住んでいる日本人のお金に関する悩みを解消するサイトも運営。まぐまぐ「花輪陽子のシンガポール富裕層の教え　海外投資＆起業実践編」も執筆中。

### アレックス・南レッドヘッド

1984 年生まれ。18 歳まで日本で育つ。ボストンのタフツ（Tufts）大学にて心理学と数学を専攻。日本語・英語に堪能。シンガポールのマルチ・ファミリー・オフィス、モンラッシェ・キャピタル（Montrachet Capital）にてアジアの富裕層向けに幅広い資産運用アドバイス、海外移住サポート全般を行っている。モンラッシェ・キャピタル入社前はリーマン・ブラザーズに加え、野村證券やクレディ・スイス証券にて債券市場のスペシャリストとして従事。東京とニューヨークで世界中の大手金融機関に国債、モーゲージ商品、社債、債券デリバティブなどを販売。

【著者紹介】
**ジム・ロジャーズ**
1942年、米国アラバマ州生まれ。イェール大学とオックスフォード大学で歴史学を修めた後、ウォール街で働く。ジョージ・ソロスとクォンタム・ファンドを設立し、10年間で4200パーセントという驚異的なリターンを上げる。37歳で引退した後、コロンビア大学で金融論を指導する傍ら、テレビやラジオのコメンテーターとして活躍。2007年よりシンガポール在住。ウォーレン・バフェット、ジョージ・ソロスと並び世界三大投資家と称される。主な著書に『冒険投資家ジム・ロジャーズ　世界バイク紀行』『冒険投資家ジム・ロジャーズ　世界大発見』(ともに日本経済新聞社)、『お金の流れで読む　日本と世界の未来』(PHP新書)、『日本への警告』(講談社プラスアルファ新書)がある。

ジム・ロジャーズ　大予測
激変する世界の見方

2020年5月21日　第1刷発行
2020年6月10日　第3刷発行

著　者——ジム・ロジャーズ
監修・翻訳者——花輪陽子／アレックス・南レッドヘッド
発行者——駒橋憲一
発行所——東洋経済新報社
〒103-8345　東京都中央区日本橋本石町 1-2-1
電話＝東洋経済コールセンター　03(6386)1040
https://toyokeizai.net/

装　丁……………秦　浩司
D T P……………アイシーエム
企画・編集協力……ジミー・カン（モンラッシェ・キャピタル）／江連裕子／福井純
印　刷……………ベクトル印刷
製　本……………ナショナル製本
編集担当…………岡田光司
　Printed in Japan　ISBN 978-4-492-37125-1